Python per tutti

Esplorare dati con Python 3

Charles R. Severance

Crediti

Supporto editoriale: Elliott Hauser, Sue Blumenberg
Cover Design: Aimee Andrion

Cronologia di stampa

- 05 Luglio 2016 Prima versione completa di Python 3.0
- 20 Dicembre 2015 Conversione iniziale approssimativa verso Python 3.0

Dettagli sul copyright

Prefazione

Il remix di un Open Book

È abbastanza naturale per gli accademici, che si sentono dire continuamente "pubblica o muori", voler sempre creare dal nulla qualcosa che sia una loro nuova creazione. Questo libro è un esperimento: non partire da zero, ma invece "remixare" il libro dal titolo "Think Python: How to Think Like a Computer Scientist" scritto da Allen B. Downey, Jeff Elkner ed altri.

Nel dicembre del 2009 mi stavo preparando a tenere il corso "SI502 - Networked Programming" presso l'Università del Michigan per il quinto semestre consecutivo e ho deciso che era tempo di scrivere un libro di testo su Python che si concentrasse sull'esplorazione dei dati invece che sulla comprensione di algoritmi ed astrazioni. Il mio obiettivo, nel SI502, era quello di insegnare le tecniche fondamentali di analisi dei dati utilizzando Python. Pochi dei miei studenti avevano in progetto di diventare programmatori professionisti, altri pianificavano di diventare bibliotecari, manager, avvocati, biologi, economisti o altro e desideravano imparare ad utilizzare abilmente le tecnologie nei rispettivi campi professionali.

Non avendo mai trovato un libro su Python che fosse perfettamente orientato alla gestione dei dati per il mio corso, decisi di scriverne uno. Fortunatamente, tre settimane prima che iniziassi a lavorarci approfittando delle vacanze, in una riunione di facoltà, il Dr. Atul Prakash mi mostrò il libro "Think Python" che lui stesso aveva usato per il suo corso. Si tratta di un testo di Informatica ben scritto, focalizzato su brevi spiegazioni dirette che facilitano l'apprendimento.

La struttura complessiva del libro è stata modificata per arrivare a gestire i problemi di analisi dei dati il più rapidamente possibile e per fornire una serie di esercizi ed esempi sull'analisi dei dati fin dall'inizio.

I capitoli 2-10 sono simili al libro *Think Python* nonostante siano state fatte importanti modifiche. Gli esempi e gli esercizi orientati alla gestione di numeri sono stati sostituiti con esercitazioni orientate ai dati. Gli argomenti sono presentati in un ordine tale da fornire soluzioni di analisi dei dati via via sempre più sofisticate. Alcuni argomenti come "try" e "except" sono stati anticipati e presentati come parte del capitolo sull'esecuzione condizionale. Piuttosto che essere trattate già dall'inizio in maniera astratta, le funzioni sono state trattate più superficialmente sino al momento in cui sono diventate necessarie per gestire la complessità dei programmi. Quasi tutte le funzioni definibili dall'utente sono state rimosse dai codici di esempio ed esercitazione al di fuori del Capitolo 4. La parola "ricorsivo"[1] non viene mai utilizzata in alcuna parte del libro.

Tutto il materiale nei capitoli 1 e 11-16 è nuovo di zecca, ed è focalizzato sull'uso di Python in applicazioni del mondo reale e fornisce semplici esempi per l'analisi dei dati, comprendendo espressioni regolari per la ricerca e l'analisi, l'automatizzazione delle attività sul computer, il recupero dei dati attraverso la rete, il prelievo di dati da pagine web, l'utilizzo di servizi web, l'analisi di dati in formato XML e JSON, la creazione e l'utilizzo di database utilizzando lo Structured Query Language e la rappresentazione di dati.

---

[1] Ad eccezione, ovviamente, di questa riga.

L'obiettivo finale di tutti questi cambiamenti è quello di includere in un corso di primo livello solo quegli argomenti che potranno tornare utili anche a coloro che non sceglieranno di diventare programmatori professionisti.

Gli studenti che troveranno questo libro interessante e che vogliano esplorare ulteriormente l'argomento, dovrebbero considerare il libro *Think Python* di Allen B. Downey. Date le molte sovrapposizioni tra i due libri, gli studenti saranno in grado di acquisire rapidamente alcune ulteriori competenze nelle ulteriori aree della tecnica di programmazione e del pensiero algoritmico che sono parte di *Think Python*. Inoltre, dato che i due libri hanno uno stile di scrittura simile, per loro sarà facile muoversi all'interno di *Think Python*.

Come detentore del copyright su *Think Python*, Allen mi ha dato il permesso di cambiare la licenza del materiale dal suo libro che viene incluso in questo libro, da GNU Free Documentation License alla più recente Creative Commons Attribution — Share Alike license. Questo segue il generale cambiamento nelle licenze di documentazione aperta che si stanno spostando da GFDL a CC BY-SA (vedi Wikipedia). L'utilizzo della licenza CC BY-SA indica ai fruitori dell'opera che essa può essere utilizzata, diffusa e anche modificata liberamente, pur nel rispetto di alcune condizioni essenziali e rende ancora più semplice ai nuovi autori riutilizzare questo materiale.

Ritengo che questo libro sia un esempio del perché i materiali aperti siano così importanti per il futuro della formazione. Voglio ringraziare Allen B. Downey e la Cambridge University Press per la loro decisione lungimirante nel rendere il libro disponibile sotto un open Copyright. Spero che siano soddisfatti dei risultati del *nostro* impegno collettivo e mi auguro lo siate anche voi lettori.

Vorrei ringraziare Allen B. Downey e Lauren Cowles per il loro aiuto, la pazienza, e la guida nell'affrontare e risolvere i problemi di copyright riguardanti questo libro.

Charles Severance
www.dr-chuck.com
Ann Arbor, MI, USA
9 settembre 2013

Charles Severance è Clinical Associate Professor presso l'Università del Michigan - School of Information.

Indice

Capitolo 1

Perché dovresti imparare a programmare?

Scrivere programmi (o programmare) è un'attività molto creativa e gratificante. Puoi scrivere programmi per molte ragioni, per guadagnarti da vivere, per effettuare complesse analisi dei dati, per divertimento o per aiutare qualcun altro a risolvere un problema. Questo libro presuppone che *tutti* abbiano bisogno di saper programmare e che, una volta appreso come programmare, sappiano cosa fare con le nuove capacità acquisite.

Ogni giorno siamo circondati da computer che vanno dai portatili agli smartphone. Possiamo pensare a questi computer come ad una sorta di "assistenti personali" che si prendono cura di molti aspetti della nostra vita. L'hardware degli elaboratori moderni è essenzialmente costruito per porci continuamente la domanda: "Cosa vorresti che faccia dopo?"

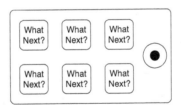

Figura 1.1: Assistente Digitale Personale

I programmatori hanno affiancato all'hardware un sistema operativo e una serie di applicazioni che hanno permesso di ottenere un assistente personale digitale che si è dimostrato utile e capace di aiutarci svolgendo compiti diversi.

I computer sono dotati di velocità oltre che di una grande quantità di memoria e potrebbero esserci estramente utili se solo conoscessimo la lingua per spiegare loro quello che vorremmo fosse "fatto dopo". Se così fosse, potremmo dire al computer di svolgere compiti ripetitivi al nostro posto. Va tenuto a mente che il tipo di attività che i computer possono fare meglio sono spesso il genere di cose che noi umani troviamo più noiose e logoranti.

Per esempio leggere i primi tre paragrafi di questo capitolo ed individuare quante volte venga ripetuta la parola più comune. Anche se sei in grado di leggere e capire le parole in pochi secondi, contarle è piuttosto difficoltoso in quanto non è il tipo di problema per cui la nostra mente è stata concepita. Per un computer è l'opposto: leggere e capire il testo è difficoltoso mentre è molto più semplice contare le parole e indicarci quante volte è ripetuta la parola più usata.

```
python words.py
Enter file:words.txt
to 16
```

Il nostro "assistente personale per l'analisi delle informazioni" ci ha rapidamente detto che la parola "to" è stata usata sedici volte nei primi tre paragrafi di questo capitolo.

Il fatto che i computer siano bravi in attività in cui gli umani non lo sono, è il motivo per cui è necessario che tu diventi abile nel parlare un "linguaggio informatico". Una volta che avrai imparato questa nuova lingua, potrai delegare al tuo partner (il computer) i compiti banali, ritagliandoti più tempo per le attività per cui sei più portato. In altre parole, tu apporti a questa collaborazione creatività, intuizione ed invettiva.

1.1   Creatività e motivazione

Sebbene questo libro non sia destinato a programmatori professionisti, la programmazione può essere un lavoro molto gratificante sia dal punto di vista finanziario sia da quello personale. Scrivere programmi utili, eleganti e intelligenti affinché possano essere utilizzati da altri è un'attività molto creativa. Il tuo computer o il tuo Assistente Personale Digitale (PDA) di solito ha al suo interno molti programmi scritti da svariati team di sviluppatori, ciascuno dei quali in competizione per conquistare la tua attenzione ed interesse. Fanno del loro meglio per soddisfare le tue esigenze e fornirti, nel contempo, una meravigliosa esperienza d'uso. In alcune situazioni, quando si sceglie uno specifico software, i programmatori sono direttamente gratificati dalla tua scelta.

Se pensiamo ai programmi come alla produzione creativa di team di programmatori, probabilmente la seguente immagine è una visione più ragionevole del nostro PDA:

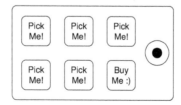

Figura 1.2: I Programmatori ti parlano

Per ora, la nostra motivazione principale non è guadagnare soldi o soddisfare altri utenti, ma piuttosto essere più efficienti nella gestione di dati e informazioni che incontreremo. In un primo momento, sarai sia lo sviluppatore sia l'utente finale dei tuoi programmi. Appena migliorerai le tue capacità come programmatore e la programmazione ti sembrerà più creativa, potrai iniziare a pensare allo sviluppo di programmi per conto di terzi.

1.2 Architettura hardware del computer

Prima di iniziare a imparare la lingua che useremo per sviluppare software, abbiamo bisogno di memorizzare un piccolo numero di nozioni su cosa costituisca un computer. Se smonti il tuo computer o il tuo cellulare e ci guardi dentro, troverai le seguenti parti:

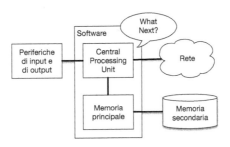

Figura 1.3: Architettura dell'hardware

Le definizioni di alto livello di quelle parti sono le seguenti:

- La *Central Processing Unit* (o CPU) è la parte del computer che è stata progettata per essere ossessionata dalla domanda "qual è la prossima istruzione?". Ad esempio se il tuo computer ha una frequenza di 3.0 Gigahertz, significa che la CPU si chiederà "qual è la prossima istruzione?" tre miliardi di volte al secondo. Avrai bisogno di imparare come parlare velocemente per poter stare al passo con la CPU.

- La *Memoria principale* viene utilizzata per memorizzare le informazioni di cui la CPU ha bisogno nel minore tempo possibile. La memoria principale è veloce quasi quanto la CPU ma le informazioni vengono memorizzate solo fino allo spegnimento del computer.

- Anche la *Memoria secondaria* è utilizzata per conservare informazioni ma è molto più lenta di quella principale. Il vantaggio della memoria secondaria è che può conservare le informazioni anche quando il computer è spento. Esempi di memorie secondarie sono i dischi rigidi o le memorie flash (generalmente pennette USB e lettori multimediali portatili).

- I *Dispositivi di Input ed Output* sono lo schermo, la tastiera, il mouse, il microfono, gli altoparlanti, il touchpad, ecc.. in altre parole tutti i dispositivi con cui interagisci per comunicare con il computer.

- Ormai la maggior parte dei computer ha anche una *Connessione di rete* utilizzata per scambiare informazioni con altri computer. Possiamo pensare alla rete come ad una sorta di supporto molto lento per archiviare e recuperare dati che potrebbe non essere sempre disponibile. Quindi, in un certo senso, la rete è un tipo più lento e talvolta inaffidabile di *memoria secondaria*.

Anche se è meglio lasciare ai costruttori di computer la maggior parte dei dettagli sul funzionamento di questi componenti, è utile conoscere un po' di terminologia in modo da poterci riferire a questi diversi componenti mentre scriviamo i nostri programmi.

Come sviluppatore, il tuo compito è quello di utilizzare e armonizzare ciascuna di queste risorse per risolvere problemi e analizzare i dati ottenuti. Come sviluppatore "parlerai" per lo più con la CPU indicandole cosa fare dopo. A volte dirai alla CPU di usare la memoria principale, la memoria secondaria, la rete o i dispositivi di input/output.

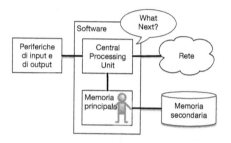

Figura 1.4: Dove sei?

Dovrai essere colui che risponderà alla domanda posta dalla CPU: "Quale è la prossima istruzione?". Ma diciamocelo: sarebbe molto scomodo rimpicciolirsi a 5 mm di altezza e introdursi nel computer solo per poter dare comandi tre miliardi di volte al secondo. È più semplice scrivere in anticipo le istruzioni. Chiamiamo *programma* queste istruzioni memorizzate e *programmazione* l'atto di scrivere queste istruzioni e fare in modo che siano corrette.

1.3 Capire la Programmazione

Nel resto di questo libro, cercherò di trasformarti in una persona esperta nell'arte della programmazione. Alla fine diventerai *programmatore*, forse non un programmatore professionista, ma almeno avrai le capacità per esaminare un problema relativo all'analisi di dati/informazioni e sviluppare un programma che lo risolva.

In un certo senso, avrai bisogno di due abilità per diventare un programmatore:

Per prima cosa, dovrai conoscere il linguaggio di programmazione (Python) di cui avrai bisogno di padroneggiare vocabolario e grammatica. Dovrai essere in grado di scrivere correntemente le parole e sapere come costruire frasi "ben strutturate".

In secondo luogo, avrai bisogno di "raccontare una storia". Per scrivere una storia, devi combinare parole e frasi allo scopo di trasmettere un'idea al lettore. L'abilità nella produzione di storie è una capacità che si migliora scrivendo e ottenendo feedback. Nell'ambito della programmazione il nostro programma è la "storia" e il problema che stai cercando di risolvere è "l'idea".

Una volta che avrai imparato un linguaggio di programmazione come Python, sarà molto più facile impararne un secondo come JavaScript o C++. Sebbene il nuovo linguaggio di programmazione abbia un vocabolario ed una grammatica molto diversi rispetto a Python, la modalità di affrontare un problema è la medesima in tutti i linguaggi di programmazione.

Imparai il "vocabolario" e le "frasi" di Python molto velocemente. Sarà, però, necessario un tempo maggiore per essere in grado di scrivere un programma che sia adatto a risolvere un problema nuovo. Si insegna a programmare in modo simile a come si insegna a scrivere: Inizieremo con il leggere e comprendere i programmi, quindi ne scriveremo alcuni semplici, in seguito scriveremo programmi sempre più complessi. Ad un certo punto "troverai la tua ispirazione" e riuscirai a vedere da solo lo schema e sarà più naturale affrontare un problema scrivendo un programma che lo risolva. Arrivati a questo punto, programmare diventerà un processo molto piacevole e creativo.

Iniziamo intanto con il vocabolario e la struttura dei programmi in Python. Sii paziente: questi esempi semplici ti ricorderanno quando hai iniziato a leggere per la prima volta.

1.4   Parole e frasi

A differenza della nostra lingua, il vocabolario di Python è in realtà piuttosto limitato. Chiameremo questo "vocabolario" *parole riservate*. Queste sono parole che hanno un significato molto speciale per Python. Quando le incontra in un suo script, per Python hanno un solo ed unico significato. Più tardi, quando scriverai codice, avrai la possibilità di creare altre parole cui assegnare un preciso significato: le *variabili*. Avrai una grande libertà nello scegliere i nomi per le variabili, ma comunque non potrai usare nessuna delle parole riservate come nome per una variabile.

Nell'addestramento di un cane, vengono utilizzate parole speciali come "seduto", "resta", "porta", ecc. Quando parli con un cane e non utilizzi nessuna delle parole riservate, ti guarderà in faccia con uno sguardo interrogativo fino a quando non sentirà una parola riservata. Ad esempio, se dici "Ogni giorno Luigi fa una passeggiata per almeno due chilometri", la maggior parte dei cani probabilmente capirà solo "bla bla bla *passeggiata* bla bla bla bla." Questo perché solo "passeggiata" è una parola riservata nel linguaggio del cane. D'altro conto molti suggeriscono che il linguaggio tra umani e gatti non abbia parole riservate[1].

Tornando a Python, le parole riservate includono:

and	class	elif	for	in	nonlocal	raise	with
as	continue	else	from	import	not	return	yield
assert	def	except	global	is	or	try	
break	del	finally	if	lambda	pass	while	

---

[1] http://xkcd.com/231/

Cioè, a differenza di un cane, Python è già stato completamente addestrato. Quando dici "try" (prova), Python proverà ogni volta senza fallire un colpo.

A tempo debito impareremo l'utilizzo di queste parole riservate. Per ora ci concentreremo sull'equivalente in Python di "parlare" (in linguaggio uomo-cane). Il bello di dire a Python di parlare è che possiamo persino indicargli cosa dire includendo un messaggio tra virgolette:

```
print('Hello World!')
```

Abbiamo persino scritto il nostro primo comando Python sintatticamente corretto. La frase inizia con la funzione *print* seguita da una stringa di testo a nostra scelta racchiusa tra virgolette singole. Le stringhe nelle istruzioni di stampa sono racchiuse tra le virgolette. Le virgolette singole e le virgolette doppie hanno la stessa funzione; la maggior parte delle persone utilizza le virgolette singole tranne in casi come questo in cui una virgoletta singola (che è anche un apostrofo) appare nella stringa.

1.5   Conversare con Python

Ora che conosciamo una parola e una frase semplice in Python, abbiamo bisogno di sapere come avviare una conversazione con Python per testare le nostre nuove abilità linguistiche.

Prima di poter dialogare con Python, dovresti installare il software Python nel tuo computer e imparare come avviarlo. Questa procedura è troppo dettagliata per essere inclusa in questo capitolo, quindi ti suggerisco di consultare [www.py4e.com] (http://www.py4e.com) dove ho scritto istruzioni dettagliate e screencast dell'installazione e dell'avvio di Python su sistemi Macintosh e Windows. Ad un certo punto, potrai aprire un terminale o una finestra di comando e, digitando *python*, si avvierà l'interprete Python in modalità interattiva e verrà visualizzato qualcosa del genere:

```
Python 3.5.1 (v3.5.1:37a07cee5969, Dec  6 2015, 01:54:25)
[MSC v.1900 64 bit (AMD64)] on win32
Type "help", "copyright", "credits" or "license" for more information.
>>>
```

Python è pronto per conversare con voi: il prompt >>> è il modo di chiedere "Cosa vuoi che faccia dopo?" dell'interprete Python. Tutto quello che devi sapere è come comunicare in Python.

Supponiamo, per esempio, che tu non sappia nemmeno le più basilari parole o frasi del linguaggio Python. Potresti voler utilizzare le linee guida che usano gli astronauti quando, atterrati su un pianeta lontano, vogliano comunicare con gli autoctoni:

```
>>> I come in peace, please take me to your leader
  File "<stdin>", line 1
```

```
I come in peace, please take me to your leader
        ^
SyntaxError: invalid syntax
>>>
```

Non sta andando molto bene: a meno che tu non pensi qualcosa velocemente, è probabile che gli abitanti del pianeta ti pugnalino con le loro lance, ti mettano su uno spiedo, ti arrostiscano sopra un fuoco e ti trasformino nel piatto principale della cena.

Fortunatamente hai portato con te una copia di questo libro e hai il dito fermo in questa pagina. Riprova:

```
>>> print('Hello world!')
Hello world!
```

Questo è molto più chiaro, quindi prova a comunicare ancora:

```
>>> print('You must be the legendary god that comes from the sky')
You must be the legendary god that comes from the sky
>>> print('We have been waiting for you for a long time')
We have been waiting for you for a long time
>>> print('Our legend says you will be very tasty with mustard')
Our legend says you will be very tasty with mustard
>>> print 'We will have a feast tonight unless you say
  File "<stdin>", line 1
    print 'We will have a feast tonight unless you say
                                                      ^
SyntaxError: Missing parentheses in call to 'print'
>>>
```

La conversazione stava andando così bene, poi quando hai fatto l'errore più piccolo che si possa fare usando il linguaggio Python, "lui" ha tirato nuovamente fuori gli artigli.

A questo punto, dovresti esserti reso conto che anche se Python è incredibilmente complesso, potente e schizzinoso sulla sintassi da utilizzare per comunicare con "lui", *non* è affatto intelligente. In realtà stai solo avendo una conversazione con te stesso, ma usando una sintassi corretta.

In un certo senso, quando utilizzi un programma scritto da qualcun altro, la conversazione si realizza tra te e gli altri sviluppatori, con Python come intermediario. Per chi scrive codice Python è solo un modo di esprimere come dovrebbe procedere la conversazione. In soli pochi altri capitoli, sarai uno di quei programmatori che parlano agli utenti tramite il programma Python.

Prima di lasciare la nostra prima conversazione con l'interprete Python, dovresti probabilmente conoscere il modo corretto per dire "arrivederci" alla fine di una conversazione con gli abitanti del Pianeta Python:

```
>>> good-bye
Traceback (most recent call last):
```

```
  File "<stdin>", line 1, in <module>
NameError: name 'good' is not defined
>>> if you don't mind, I need to leave
  File "<stdin>", line 1
    if you don't mind, I need to leave
         ^
SyntaxError: invalid syntax
>>> quit ()
```

Noterete che, nei due tentativi errati precedenti, l'errore è diverso. Nel secondo caso, *if* è una parola riservata e Python, vedendo la parola riservata, pensava che stessimo cercando di dirgli qualcosa, utilizzando una sintassi errata.

Il modo corretto per dire "arrivederci" a Python è digitare *quit()* al prompt interattivo >>>. Credo che ti ci sarebbe voluto un po' per indovinarlo, quindi avere un libro sull'argomento a portata di mano probabilmente si rivelerà utile.

1.6   Terminologia: interprete e compilatore

Python è un *linguaggio di alto livello* destinato a essere relativamente semplice da leggere e scrivere per gli umani e altrettanto semplice da leggere ed elaborare per i computer. Altri linguaggi di alto livello sono Java, C ++, PHP, Ruby, Basic, Perl, JavaScript ecc. Purtroppo l'attuale architettura della Central Processing Unit (CPU) non è in grado di capire nessuno di questi linguaggi di alto livello.

La CPU comprende solo quello che chiamiamo *linguaggio macchina*. Il linguaggio macchina è molto basilare e francamente molto stancante da scrivere poiché composto esclusivamente da zeri e uno:

```
0010100011101001001010100000001111
1110011000001110101001010101101101
...
```

Il linguaggio macchina a prima vista sembra abbastanza semplice, dato che ci sono solo zeri e uno, ma la sua sintassi è molto più complessa e molto più intricata di quella del Python. Pertanto pochissimi programmatori scrivono in linguaggio macchina. Piuttosto si preferisce utilizzare vari "traduttori" per consentire agli sviluppatori di scrivere in linguaggi di alto livello come Python o JavaScript e lasciare agli interpreti la conversione in linguaggio macchina per l'esecuzione da parte della CPU.

Dato che il linguaggio macchina è legato all'hardware del computer, tale linguaggio non è *trasferibile* tra diversi tipi di hardware. Contrariamente i programmi scritti in linguaggi di alto livello possono essere spostati su architetture diverse utilizzando l'interprete presente sulla nuova macchina o ricompilando il codice per creare una versione in linguaggio macchina del programma adatta al nuovo sistema.

Questi traduttori di linguaggi di programmazione si dividono in due categorie generali: (1) *interpreti* e (2) *compilatori*.

Un *interprete* legge il codice sorgente del programma così come è stato scritto dal programmatore: analizza il codice sorgente e interpreta le istruzioni al volo.

Python è un interprete, quando lo avviamo in modalità interattiva, digitiamo una riga (una frase) e Python la elabora immediatamente, rimanendo poi in attesa della successiva riga di Python.

Alcune delle righe di Python avvisano Python che vuoi che lui ricordi un valore per un secondo momento. Va quindi scelto un nome per quel valore da ricordare e da utilizzare per recuperarlo in un secondo momento. Con il termine *variabile* facciamo riferimento alle etichette che usiamo per riferirci a questi dati memorizzati.

```
>>> x = 6
>>> print(x)
6
>>> y = x * 7
>>> print(y)
42
>>>
```

In questo esempio, stiamo chiedendo a Python di: - memorizzare il valore 6 e di adottare l'etichetta x per poter recuperare il valore in un secondo momento. - Poi, tramite il comando "Print", verifichiamo che Python abbia effettivamente registrato il valore assegnato alla variabile x. - Poi chiediamo a Python di recuperare x, moltiplicarlo per 7 e assegnare il nuovo risultato a y. - Infine chiediamo a Python di stampare il valore attualmente contenuto in y.

Anche se stiamo digitando questi comandi una riga alla volta, Python li tratta come una sequenza ordinata di istruzioni permettendo alle successive istruzioni di essere in grado di recuperare i dati creati precedentemente. Noi abbiamo scritto il nostro primo semplice paragrafo composto di quattro frasi in un ordine logico e che abbia un significato.

L'instaurare una conversazione interattiva simile alla precedente è nella natura di un *interprete*. Un *compilatore* invece necessita di avere l'intero codice sorgente di alto livello prima di avviare il processo di traduzione e successivo salvataggio in un file eseguibile per l'esecuzione.

Nel sistema Windows, spesso questi eseguibili hanno un suffisso ".exe" o ".dll" che indicano rispettivamente "eseguibile" o libreria DLL. In Linux e MacOsx, non esiste un suffisso che contrassegni in modo univoco un file come eseguibile.

Se aprissimo un file eseguibile con un editor di testo, il contenuto ci sembrerà completamente folle ed illeggibile:

```
^?ELF^A^A^A^@^@^@^@^@^@^@^@^@^B^@^C^@^A^@^@^@\xa0\x82
^D^H4^@^@^@\x90^]^@^@^@^@^@^@4^@ ^@^G^@(^@$^@!^@^F^@
^@^@4^@^@^@^@4\x80^D^H4\x80^D^H\xe0^@^@^@\xe0^@^@^@^E
^@^@^@^D^@^@^@^C^@^@^@^T^A^@^@^T\x81^D^H^T\x81^D^H^S
^@^@^@^S^@^@^@^D^@^@^@^A^@^@^@^A\^D^HQVhT\x83^D^H\xe8
....
```

Non è semplice leggere o scrivere in linguaggio macchina, quindi è utile che si possa disporre di *interpreti* e *compilatori* che permettano di scrivere in linguaggi di alto livello come Python o C.

Ora, a questo punto della nostra discussione su compilatori e interpreti, ti starai chiedendo qualcosa sull'interprete di Python. In che linguaggio è stato scritto? È scritto in un linguaggio compilato? Cosa succede esattamente quando digitiamo "Python"?

L'interprete di Python è scritto in un linguaggio di alto livello chiamato "C". Puoi dare un'occhiata all'attuale codice sorgente dell'interprete andando nel sito [www.python.org] (http://www.python.org), nella sezione dedicata al codice sorgente. Quindi Python è esso stesso un programma compilato in linguaggio macchina. Quando hai installato Python nel tuo computer (o se è stato installato dal venditore), hai copiato una versione in linguaggio macchina adatta per il tuo sistema. In Windows, il linguaggio macchina eseguibile per lo stesso Python è probabilmente in un file con un nome simile a:

```
C:\Python35\python.exe
```

Questo è più di quanto tu abbia davvero bisogno di sapere per essere un programmatore Python, ma a volte è utile rispondere subito a quelle piccole fastidiose domande.

1.7   Scrivere un programma

Digitare comandi nell'interprete di Python è un ottimo modo per sperimentare le funzionalità di Python, ma non è consigliabile per risolvere i problemi più complessi.

Quando vogliamo scrivere un programma, possiamo utilizzare un editor di testo per scrivere le istruzioni Python in un file chiamato *script*. Per convenzione, gli script Python terminano con l'estensione .py.

Per eseguire uno script, devi indicare all'interprete Python il nome del file. Ad esempio in una finestra di comando di Unix o Windows, puoi digitare `python hello.py` come nel codice sottostante:

```
csev$ cat hello.py
print('Hello world!')
csev$ python hello.py
Hello world!
csev$
```

Il "csev$" è il prompt del sistema operativo e "cat hello.py" mostra che il file "hello.py" ha una riga di codice Python per stampare una stringa.

Avvia l'interprete di Python dicendogli di leggere il codice sorgente dal file "hello.py" invece di chiederti in modo interattivo linee di codice.

Noterai che non è stato necessario inserire *quit()* alla fine del programma Python. Quando Python legge il tuo codice sorgente da un file, sa di doversi fermare quando raggiunge la fine del file.

1.8 Cos'è un programma?

Si potrebbe definire il termine *programma* nella sua accezione più basilare come una sequenza di istruzioni Python scritte per eseguire un'azione. Anche il tuo semplice script *hello.py* è un programma: è composto da una sola riga non particolarmente utile ma, nella definizione più rigorosa, rimane un programma Python.

Per meglio capire cosa sia un programma potrebbe essere più facile pensare ad un problema e, di conseguenza, cercando un programma che possa risolvere tale problema.

Diciamo che stai facendo ricerche di Social Computing su alcuni post di Facebook e ti interessa la parola più frequentemente usata in una serie di post. Potresti stampare il flusso dei post di Facebook e scorrere il testo per cercare la parola più comune, ma tale operazione ti richiederebbe molto tempo e sarebbe soggetta a molti errori. Sarebbe meglio scrivere un programma in Python per gestire l'attività in modo rapido e preciso, in modo da poter trascorrere il fine settimana facendo qualcosa di divertente.

Ad esempio, considera il seguente testo riguardante un clown e una macchina. Guarda il testo e cerca di capire quale sia la parola più comune e quante volte si ripete.

```
the clown ran after the car and the car ran into the tent
and the tent fell down on the clown and the car
```

Quindi immagina di svolgere questo compito guardando milioni di righe di testo. Onestamente, è più rapido imparare Python e scrivere un programma per contare le parole, di quanto non sia fare la scansione manuale delle parole.

La notizia ancora migliore è che ho già creato un semplice programma per trovare la parola più comune in un file di testo. L'ho scritto, l'ho testato e adesso te lo sto dando per usarlo e risparmiare un po' di tempo.

```python
name = input('Enter file:')
handle = open(name, 'r')
counts = dict()

for line in handle:
    words = line.split()
    for word in words:
        counts[word] = counts.get(word, 0) + 1

bigcount = None
bigword = None
for word, count in list(counts.items()):
    if bigcount is None or count > bigcount:
        bigword = word
        bigcount = count

print(bigword, bigcount)

# Code: http://www.py4e.com/code3/words.py
```

Non hai nemmeno bisogno di conoscere Python per utilizzare questo script. Hai bisogno di completare il Capitolo 10 di questo libro per comprendere appieno le fantastiche tecniche utilizzate per realizzare il programma. Tu sei l'utente finale, usa semplicemente il programma e stupisciti della sua utilità e di come ti abbia risparmiato così tanto lavoro manuale. Basta digitare il codice in un file chiamato *words.py* oppure scaricare il codice sorgente da http://www.py4e.com/code3/ ed eseguirlo.

Questo è un buon esempio di come Python e il linguaggio Python agiscano come intermediario tra te (l'utente finale) e me (lo sviluppatore). Python è un modo per scambiare sequenze di istruzioni utili (es. programmi) in un linguaggio comune che possa essere utilizzato da chiunque installi Python sul proprio computer. Nessuno di noi sta quindi parlando a Python, piuttosto comunichiamo con altri *attraverso* Python.

1.9   I blocchi per costruire i programmi

Nei prossimi capitoli approfondiremo maggiormente il vocabolario, la struttura delle frasi e dei paragrafi e la storia di Python. Impareremo inoltre a conoscere le potenti funzionalità di Python e come unirle per creare programmi utili.

Esistono alcuni modelli concettuali di basso livello che usiamo per progettare programmi. Questi costrutti non si limitano solo agli script Python ma sono applicabili ad ogni altro linguaggio di programmazione, dal linguaggio macchina fino a quelli di alto livello.

input Ottieni dati dal "mondo esterno": Potrebbe trattarsi della lettura di dati contenuti in un file, oppure direttamente da un sensore come un microfono o un GPS. Nei nostri programmi iniziali, il nostro input verrà inserito direttamente dall'utente tramite tastiera.

output Visualizza i risultati su schermo o li memorizza in un file o magari li invia ad un dispositivo come un altoparlante per riprodurre musica o leggere del testo.

esecuzione sequenziale Esegui le istruzioni una dopo l'altra nell'ordine in cui sono state scritte nel codice.

esecuzione condizionale Verifica le condizioni previste ed esegui, o salta, una sequenza di istruzioni.

esecuzione ripetuta Esegui ripetutamente alcune istruzioni, spesso con alcune variazioni.

riutilizzo Scrivi una volta una serie di istruzioni e dà loro un nome per poi, eventualmente, riutilizzare quelle istruzioni durante l'esecuzione del programma.

Sembra quasi troppo semplice per essere vero? Ovviamente non è mai così semplice. Sarebbe come dire che camminare è semplicemente "mettere un piede davanti all'altro". L'"arte" di scrivere un programma è il comporre ed unire molte volte questi elementi di base per produrre un qualcosa che sia utile ai propri utenti.

Ad esempio, il precedente script per il conteggio delle parole utilizza quasi tutti questi modelli.

1.10   Cosa potrebbe andare storto?

Come abbiamo visto nelle nostre precedenti conversazioni con Python, dobbiamo comunicare in modo molto preciso quando scriviamo il codice. La più piccola deviazione o errore farà sì che Python smetta di leggere il programma.

I programmatori alle prime armi spesso citano il fatto che Python non lasci spazio ad errori come prova che Python sia cattivo, odioso e crudele. Anche se sembra collaborare con tutti gli altri, Python riconosce i principianti e porta loro rancore. A causa di questo rancore, Python prende i nostri script scritti in maniera impeccabile e li rigetta come "inadatti" solo per tormentarci.

```
>>> primt 'Hello world!'
  File "<stdin>", line 1
    primt 'Hello world!'
                       ^
SyntaxError: invalid syntax
>>> primt ('Hello world')
Traceback (most recent call last):
  File "<stdin>", line 1, in <module>
NameError: name 'primt' is not defined

>>> I hate you Python!
  File "<stdin>", line 1
    I hate you Python!
          ^
SyntaxError: invalid syntax
>>> if you come out of there, I would teach you a lesson
  File "<stdin>", line 1
    if you come out of there, I would teach you a lesson
          ^
SyntaxError: invalid syntax
>>>
```

Si ottiene poco discutendo con Python: è solo uno strumento, non ha emozioni ed è pronto a servirti ogni volta che tu ne abbia bisogno. I suoi messaggi di errore sono inclementi, ma rappresentano solo la richiesta di aiuto di Python: ha esaminato ciò che hai digitato e semplicemente non riesce a capire cosa tu voglia da lui.

Python è molto più simile a un cane, che amandovi incondizionatamente e conoscendo poche parole chiave, ti guarda dolcemente (>>>), aspettando che tu dica qualcosa che sia in grado di capire. Quando Python visualizza "SyntaxError: invalid syntax", sta dicendo, scodinzolando, "Mi sembra che tu abbia detto qualcosa ma non ne capisco il significato; per favore continua a parlarmi (>>>)."

Man mano che i tuoi programmi diventeranno più sofisticati, potresti incappare in queste tre tipologie di errore:

Errori di sintassi Questi sono i primi errori che farai e sono i più facili da correggere. Un errore di sintassi indica che hai violato le regole della "grammatica" di Python. Python farà del suo meglio per puntare direttamente alla riga e al carattere in cui ha rilevato un errore. L'unico inconveniente degli errori di sintassi è che a volte l'errore che deve essere corretto è in realtà in una fase precedente del programma rispetto al punto in cui Python *si è accorto* di essere confuso. Quindi la riga e il carattere in cui Python indica la presenza di un errore di sintassi potrebbe rappresentare solo il punto di partenza della tua ricerca.

Errori di logica: Un errore logico si verifica quando il tuo programma ha una buona sintassi ma c'è un errore nell'ordine delle istruzioni o forse un errore nel come queste si relazionino l'una all'altra. Un buon esempio di errore di logica potrebbe essere: "bevi un sorso dalla tua bottiglia d'acqua, mettila nel tuo zaino, cammina fino alla biblioteca e poi rimetti il tappo alla bottiglia".

Errori di Semantica Un errore semantico si verifica quando la descrizione dei passaggi da eseguire è sintatticamente perfetta e nel giusto ordine, ma c'è un errore nel programma. Il programma è completamente corretto ma non fa ciò che *intendi* fargli fare. Un semplice esempio potrebbe essere il dare ad una persona le indicazioni per un ristorante dicendo: "... quando raggiungi l'incrocio con la stazione di benzina, gira a sinistra e procedi per 1 km. Il ristorante è l'edificio rosso sulla sinistra." Il tuo amico è molto in ritardo e ti chiama per dirti di trovarsi in una fattoria e che si sta aggirando dietro un granaio, senza trovare alcuna traccia del ristorante. "Ma hai girato a sinistra o a destra alla stazione di servizio?" e lui risponde "ho seguito le tue indicazioni alla lettera, le ho perfino annotate: dicono di girare a sinistra dal distributore di benzina e procedere per un km." "Mi dispiace molto, perché nonostante le mie istruzioni fossero sintatticamente corrette, purtroppo contenevano un piccolo errore semantico non rilevato".

Ribadisco che in tutte e tre le tipologie di errori, Python sta semplicemente facendo del suo meglio per fare esattamente quello che gli hai chiesto.

1.11   Il percorso di studio

Mentre prosegui nella lettura di questo libro, non aver paura se i concetti non sembrano amalgamarsi bene l'uno all'altro sin da subito. Quando stavi imparando a parlare, non è stato un problema se hai passato i primi anni producendo solo dei dolci gorgoglii. Non c'erano problemi se ci sono voluti sei mesi per passare da un vocabolario limitato a semplici frasi, se ci sono voluti 5 o 6 anni in più per passare da frasi a paragrafi e ancora qualche anno per essere in grado di scrivere un avvincente racconto breve.

Poiché vorremmo che tu possa imparare Python rapidamente, ti insegneremo tutto nei prossimi capitoli. Sarà come imparare un nuovo linguaggio che richiede tempo per essere assorbito e compreso prima che diventi naturale. Ciò causerà una certa confusione mentre vedremo e rivedremo argomenti cercando di farti vedere il quadro generale definendo i piccoli frammenti che lo compongono. Nonostante il libro sia scritto in modo lineare, ed anche se stai seguendo un corso che proseguirà linearmente, non esitare ad essere molto non-lineare nel modo in cui ti approcci ai contenuti. Sbircia avanti e indietro e leggi ciò che ti pare. Sfogliando il materiale più avanzato senza comprenderne appieno i dettagli, potresti capire meglio il "perché?" della programmazione. Rivedendo il materiale precedente o rifacendo gli esercizi precedenti, realizzerai che in realtà hai imparato molto anche se il materiale che stai fissando ora sembra un po' imperscrutabile.

Capita spesso che quando stai imparando il tuo primo linguaggio di programmazione, ci siano alcuni meravigliosi momenti di stupore in cui, mentre sei intento a scalfire la tua pietra con martello e scalpello, puoi alzare lo sguardo e cominciare a vedere che stai davvero realizzando una bellissima scultura. Di solito è inutile restare svegli tutta la notte a fissare qualcosa che sembra particolarmente difficile. Fai una pausa, fai un pisolino, mangia uno spuntino, spiega a qualcuno in cosa stai avendo problemi (magari solo al tuo cane), così da ritornare al problema con occhi nuovi. Ti assicuriamo che una volta acquisiti i rudimenti della programmazione descritti nel libro, ti guarderai indietro e vedrai che tutto è stato molto semplice ed elegante e ti ha solo richiesto un po' di tempo per assimilarlo.

1.12   Glossario

Bug Un errore in un programma.

Central processing unit Chiamato anche "CPU" o "processore". È il cuore di qualsiasi computer ed è ciò che gestisce il codice che scriviamo.

Compilare Tradurre completamente in una sola volta un programma scritto in un linguaggio di alto livello in un linguaggio di basso livello, in preparazione per l'esecuzione successiva.

Linguaggio di alto livello Un linguaggio di programmazione come Python progettato per essere facilmente letto e scritto dagli umani.

Modalità interattiva Un modo di utilizzare l'interprete Python digitando singoli comandi e espressioni al prompt.

Interprete Eseguire un programma scritto in un linguaggio di alto livello traducendo una riga alla volta.

Linguaggio di basso livello Un linguaggio di programmazione progettato per essere eseguito da un computer; è chiamato anche "codice macchina" o "linguaggio assembly".

Codice macchina Il linguaggio di livello più basso, è il linguaggio che viene eseguito direttamente dall'unità di elaborazione centrale (CPU).

Memoria principale Conserva programmi e dati. La memoria principale perde le sue informazioni memorizzate quando il computer viene spento.

Analizzare Esaminare un programma e analizzare la struttura sintattica.

Portabilità Proprietà di un programma che gli permette di essere eseguito su più di un tipo di computer.

Funzione di stampa Istruzione che fa in modo che l'interprete Python visualizzi un valore su schermo.

Risoluzione dei problemi Il processo composto da formulare un problema, ricercare una soluzione e fornire la soluzione.

Programma Un set di istruzioni che specifica un calcolo.

Prompt Si verifica quando un programma visualizza un messaggio a schermo e si interrompe affinché l'utente possa digitare un input destinato al programma.

Memoria secondaria Generalmente più lenta della memoria principale, memorizza programmi e dati e ne conserva le informazioni anche quando viene tolta l'alimentazione. Esempi includono l'unità disco o la memoria flash nelle chiavette USB.

Semantica Il significato di un programma.

Errore semantico Errore in un programma che gli fa fare qualcosa di diverso da
quello previsto dallo sviluppatore.

Codice sorgente Un programma scritto in un linguaggio di alto livello.

1.13   Esercizi

Esercizio 1: Quale è la funzione della memoria secondaria in un computer?

a) Esegue tutto il calcolo e la logica del programma

b) Recupera pagine Web da Internet

c) Conserva le informazioni a lungo termine, anche oltre un ciclo di alimentazione

d) Accetta input dall'utente

Esercizio 2: Che cos'è un programma?

Esercizio 3: Quale è la differenza tra un compilatore e un interprete?

Esercizio 4: Quale delle seguenti alternative contiene "codice macchina"?

a) L'interprete di Python

b) La tastiera

c) Un file sorgente di Python

d) Un documento di elaborazione di testo

Esercizio 5: Cosa c'è di errato nel codice seguente?:

```
>>> primt 'Hello world!'
  File "<stdin>", line 1
    primt 'Hello world!'
                        ^
SyntaxError: invalid syntax
>>>
```

Esercizio 6: Dove viene memorizzata una variabile "x" simile a quella scritta
dopo la seguente linea Python?

```
x = 123
```

a) Unità di elaborazione centrale

b) Memoria Principale

c) Memoria Secondaria

d) Dispositivi di input

e) Dispositivi di output

Esercizio 7: Cosa verrà visualizzato dal questo programma?:

```
x = 43
x = x + 1
print(x)
```

a) 43

b) 44

c) x + 1

d) Errore perché x = x + 1 non è matematicamente possibile

Esercizio 8: Illustra ognuno dei seguenti esempi facendo dei paragoni con una capacità degli uomini: (1) Unità centrale di elaborazione, (2) Memoria principale, (3) Memoria secondaria, (4) Dispositivo di input e (5) Dispositivo di Output. Ad esempio, "Qual è l'equivalente nell'uomo di una"Unità di elaborazione centrale"?

Esercizio 9: Come si corregge un "Syntax Error"?

Capitolo 2

Variabili, espressioni ed istruzioni

2.1 Valori e tipi

Un *valore*, come una lettera o un numero, è un elemento basilare che permette ad un programma di funzionare. I valori che abbiamo visto finora sono 1, 2 e "Hello, World!". Questi valori appartengono a diversi *tipi*: 2 è un numero intero mentre "Hello, World!" è una *stringa*, così chiamata perché composta da una "stringa" di lettere. Tu (insieme all'interprete) puoi identificare le stringhe poiché racchiuse tra virgolette. L'istruzione `print` funziona anche con i numeri interi, tramite il comando `python` è possibile avviare l'interprete.

```
python
>>> print(4)
4
```

Se non sei sicuro a quale tipo appartenga uno specifico valore, puoi consultare l'interprete.

```
>>> type('Hello, World!')
<class 'str'>
>>> type(17)
<class 'int'>
```

Non c'è da sorprendersi se le stringhe appartengono al tipo `str` e i numeri interi appartengono al tipo `int`. È meno ovvio che i numeri con un punto decimale appartengano al tipo chiamato `float`. Ciò è dovuto al fatto che questi numeri siano rappresentati in un formato chiamato a *virgola mobile*.

```
>>> type(3.2)
<class 'float'>
```

E per quanto riguarda valori come "17" e "3.2"? Pur sembrando numeri sono racchiusi tra virgolette come le stringhe.

```
>>> type('17')
<class 'str'>
>>> type('3.2')
<class 'str'>
```

In realtà sono stringhe vere e proprie. Quando inserisci un numero intero di grandi dimensioni, come "1,000,000", potresti essere tentato di utilizzare le virgole a gruppi di tre cifre. Questo non è un numero intero consentito in Python, anche se sembra scritto correttamente:

```
>>> print(1,000,000)
1 0 0
```

Beh, non è per niente quello che ci aspettavamo! Python interpreta 1,000,000 come se fosse una sequenza di numeri interi separati da virgole, che visualizza inserendo uno spazio in corrispondenza della virgola. Questo è il primo esempio di errore semantico che vediamo: il codice viene eseguito senza visualizzare messaggi di errore ma non fa l'operazione per la quale pensavamo di averlo progettato.

2.2   Variabili

Una delle più potenti funzionalità di un linguaggio di programmazione è la capacità di manipolare *variabili*. Una variabile è un nome assegnato ad un valore. Tramite un'*istruzione di assegnazione* hai la capacità di creare nuove variabili ed assegnare loro un valore:

```
>>> message = 'And now for something completely different'
>>> n = 17
>>> pi = 3.1415926535897931
```

In questo esempio vengono fatte tre assegnazioni: la prima assegna una stringa ad una nuova variabile chiamata message, la seconda assegna il numero intero 17 alla variabile n, la terza assegna il valore (approssimativo) di π a pi. È possibile usare l'istruzione *print* per visualizzare il valore di una variabile:

```
>>> print(n)
17
>>> print(pi)
3.141592653589793
```

Il tipo di una variabile è il tipo di valore a cui essa è collegata.

```
>>> type(message)
<class 'str'>
>>> type(n)
<class 'int'>
>>> type(pi)
<class 'float'>
```

2.3   Nomi delle variabili e parole chiavi

Normalmente i programmatori scelgono nomi per le loro variabili che siano significativi e documentino l'utilizzo della variabile. Questi nomi, di lunghezza arbitraria, possono contenere sia lettere sia numeri ma non possono iniziare con un numero. Anche se è possibile utilizzare lettere maiuscole, è preferibile iniziare i nomi delle variabili con una lettera minuscola (in seguito ne vedremo il motivo). Il carattere underscore (_) appare nel nome di una variabile ed è spesso utilizzato in nomi composti da più parole, come `my_name` o `airspeed_of_unladen_swallow`. I nomi delle variabili possono iniziare con il carattere underscore, ma generalmente evitiamo di farlo a meno che il codice che stiamo scrivendo sia contenuto in librerie che verranno utilizzate da altri. Se assegni ad una variabile un nome non valido, provocherai un errore di sintassi:

```
>>> 76trombones = 'big parade'
SyntaxError: invalid syntax
>>> more@ = 1000000
SyntaxError: invalid syntax
>>> class = 'Advanced Theoretical Zymurgy'
SyntaxError: invalid syntax
```

Il nome `76trombones` non è valido perché inizia con un numero, `more@`, invece, perché contiene il carattere non ammesso '@'. Ma cosa c'è di errato in `class`? Risulta che `class` è una delle *parole riservate* di Python. L'interprete utilizza queste parole per riconoscere la struttura del programma, quindi non possono essere assegnate alle variabili.

Python si riserva 33 parole chiave:

and	del	from	None	True
as	elif	global	nonlocal	try
assert	else	if	not	while
break	except	import	or	with
class	False	in	pass	yield
continue	finally	is	raise	
def	for	lambda	return	

E' meglio tenere questo elenco a portata di mano: se l'interprete si lamenta del nome di una delle tue variabili e non ne capisci il motivo, verifica se questa sia presente nella lista.

2.4   Istruzioni

L'*istruzione* è un'unità minima di codice che può essere eseguita dall'interprete di Python. Abbiamo visto due tipi di istruzioni: Print utilizzato sia come istruzione di un'espressione sia come un'assegnazione. Quando digiti un'istruzione in modalità interattiva, l'interprete la esegue e, nel caso esista, ne visualizza il risultato. Generalmente uno script contiene una sequenza di istruzioni. Se c'è più di un'istruzione i risultati vengono visualizzati uno alla volta mano a mano che le istruzioni vengono eseguite. Ad esempio:

```
print(1)
x = 2
print(x)
```

produce l'output

```
1
2
```

Ricorda che le istruzioni di assegnazione non producono output.

2.5   Operatori e operandi

Gli *operatori* sono simboli speciali che rappresentano calcoli come l'addizione e la moltiplicazione. I valori a cui è applicato l'operatore sono chiamati *operandi*. Gli operatori +, -, *, /, e ** eseguono rispettivamente le operazioni di addizione, sottrazione, moltiplicazione, divisione, ed elevamento a potenza, come illustrato negli esempi seguenti:

```
20+32    hour-1    hour*60+minute    minute/60    5**2    (5+9)*(15-7)
```

Nel passaggio tra Python 2.x e Python 3.x è stato modificato l'operatore della divisione: ora il risultato viene rappresentato in virgola mobile:

```
>>> minute = 59
>>> minute/60
0.9833333333333333
```

In Python 2.x l'operatore avrebbe diviso i due interi e troncato il risultato restituendo un valore intero:

```
>>> minute = 59
>>> minute/60
0
```

Per ottenere lo stesso risultato in Python 3.x, bisogna utilizzare la divisione intera (// intero).

```
>>> minute = 59
>>> minute//60
0
```

In Python 3.x la divisione integer funziona molto più similmente a come ci si aspetterebbe se si inserisse l'espressione su una calcolatrice.

2.6   Espressioni

L'*espressione* è una combinazione di valori, variabili e operatori. Sia un unico valore o una variabile sono considerati un'espressione. Pertanto le seguenti sono tutte espressioni corrette (posto che sia stato assegnato un valore alla variabile x)

```
17
x
x + 17
```

Se digiti un'espressione in modalità interattiva, l'interprete la *calcolerà* e ne visualizzerà il risultato:

```
>>> 1 + 1
2
```

Una cosa che crea spesso confusione tra i principianti è un'espressione presente in uno script, da sola non restituisce alcun risultato.

Esercizio 1: Digita le seguenti istruzioni nell'interprete Python ed osserva il loro comportamento:

```
5
x = 5
x + 1
```

2.7   Ordine delle operazioni

Quando appare più di un operatore in un'espressione, l'ordine di calcolo è regolato dalle *regole di precedenza*. Per quanto riguarda gli operatori matematici, Python segue le convenzioni matematiche. L'acronimo *PEMDAS* è utile per ricordare le regole:

- *P*arentesi: hanno la precedenza più alta e possono essere utilizzate per costringere il computer a svolgere un'espressione nell'ordine desiderato. Poiché le espressioni tra parentesi vengono valutate per prime: 2 * (3-1) è uguale a 4 e (1 + 1) ** (5-2) a 8. Puoi anche utilizzare le parentesi per rendere l'espressione più leggibile, come in (minuto * 100) / 60, senza che ciò cambi il risultato.
- L'*E*levamento a potenza ha il livello di precedenza immediatamente successivo, pertanto 2 ** 1 + 1 è pari a 3 e non a 4, e 3 * 1 ** 3 è uguale a 3 e non 27.
- Le *M*oltiplicazioni e le *D*ivisioni hanno la stessa precedenza, superiore alle *A*ddizioni e alle *S*ottrazioni, che posseggono lo stesso livello di precedenza. Quindi 2 * 3-1 darà come risultato 5, non 4, e 6 + 4 / 2 darà 8.0 e non 5.
- Gli operatori con la stessa precedenza vengono calcolati da sinistra a destra: L'espressione 5-3-1 ha come risultato 1 e non 3, perché 5-3 viene svolta per prima e solo dopo viene sottratto 1 da 2. In caso di dubbio, utilizza sempre le parentesi nelle tue espressioni, per essere sicuro che i calcoli siano eseguiti nell'ordine desiderato.

2.8   Operatore modulo

L'operatore *modulo* viene applicato a numeri interi e fornisce come risultato il resto di quando il primo operando viene diviso per il secondo. In Python, l'operatore modulo è il carattere percentuale (%). La sintassi è la stessa degli altri operatori:

```
>>> quotient = 7 // 3
>>> print(quotient)
2
>>> remainder = 7 % 3
>>> print(remainder)
1
```

Quindi 7 diviso per 3 fa 2 con il resto di 1. L'operatore modulo si può rivelare sorprendentemente utile. Per esempio, è possibile verificare se un numero è divisibile per un altro: se x%y fa zero, allora x è divisibile per y. È inoltre possibile ricavare da un numero quale sia il valore della cifra o delle cifre più a destra. Per esempio, x % 10 restituisce la cifra più a destra di x (in base 10). In modo simile, x% 100 restituisce le ultime due cifre.

2.9   Operazioni con le stringhe

L'operatore + opera con le stringhe, senza essere un'addizione in senso strettamente matematico. Esegue invece una *concatenazione*: unisce insieme le stringhe collegando la seconda dopo l'ultimo carattere della prima. Per esempio:

```
>>> first = 10
>>> second = 15
>>> print(first+second)
25
>>> first = '100'
>>> second = '150'
>>> print(first + second)
100150
```

L'output di questo script è 100150. L'operatore * lavora anche con le stringhe moltiplicando il contenuto di una stringa per un numero intero. Per esempio:

```
>>> first = 'Test '
>>> second = 3
>>> print(first * second)
Test Test Test
```

2.10   Chiedere un valore in input all'utente

A volte potrebbe essere necessario richiedere all'utente di inserire il valore di una variabile. Python è dotato di una funzione chiamata **input** in grado di ricevere input dalla tastiera[1]. Quando si utilizza questa funzione il programma si arresta in attesa che l'utente digiti qualcosa. Quando l'utente preme Invio o Enter, l'esecuzione del programma riprende e input restituisce come stringa ciò che l'utente ha digitato.

```
>>> inp = input()
Some silly stuff
>>> print(inp)
Some silly stuff
```

Prima di ricevere input dall'utente, è solitamente una buona idea visualizzare un prompt che informi l'utente sul cosa inserire. È possibile indicare una stringa alla funzione input affinché venga visualizzata prima della pausa d'attesa dell'input:

```
>>> name = input('What is your name?\n')
What is your name?
Chuck
>>> print(name)
Chuck
```

La sequenza \n alla fine del prompt indica un andare *a capo* ed è un carattere speciale che causa l'interruzione della linea. Ecco perché l'input dell'utente appare sotto il prompt. Se ti aspetti che l'utente digiti un intero, è possibile provare a convertire il valore restituito in int usando la funzione int().

```
>>> prompt = 'What...is the airspeed velocity of an unladen swallow?\n'
>>> speed = input(prompt)
What...is the airspeed velocity of an unladen swallow?
17
>>> int(speed)
17
>>> int(speed) + 5
22
```

Ma se l'utente inserisce qualcosa di diverso da una stringa composta da cifre, viene visualizzato un messaggio d'errore:

```
>>> speed = input(prompt)
What...is the airspeed velocity of an unladen swallow?
What do you mean, an African or a European swallow?
>>> int(speed)
ValueError: invalid literal for int() with base 10:
```

Vedremo in seguito come gestire questo tipo di errore.

---

[1]In Python 2.0, questa funzione era raw_input.

2.11 Commenti

Man mano che i programmi diventano più grandi e complessi, questi diventano più difficili da leggere. I linguaggi formali sono condensati ed è spesso difficile esaminare un pezzo di codice e capire cosa o perché faccia qualcosa. Per questo motivo, è una buona idea aggiungere alcune note ai vostri programmi per spiegare in linguaggio naturale cosa stia facendo il programma. Queste note, che in Python iniziano con il simbolo #, sono chiamate *commenti*:

```
# compute the percentage of the hour that has elapsed
percentage = (minute * 100) / 60
```

In questo caso, il commento appare da solo su una riga. Potete anche inserire commenti alla fine di una riga:

```
percentage = (minute * 100) / 60    # percentage of an hour
```

Tutto ciò che è compreso tra "#" e la fine della riga viene ignorato e non ha alcun effetto sul programma. I commenti sono ancor più utili quando documentano funzionalità del codice non così evidenti. Anche se è ragionevole presumere che chi legge il codice possa capire *cosa* questo faccia, è molto più utile spiegarne il *perché*. Questo commento al codice è superfluo ed inutile:

```
v = 5      # assign 5 to v
```

Questo commento, invece, contiene informazioni utili che non sono comprese nel codice:

```
v = 5      # velocity in meters/second.
```

Assegnare nomi adeguati alle variabili può ridurre la necessità di commenti, ma i nomi lunghi possono rendere difficili da leggere le espressioni complesse, pertanto esiste un compromesso.

2.12 Scegliere nomi mnemonici delle variabili

Finché seguirai le semplici regole di denominazione delle variabili evitando le parole riservate, avrai ampia libertà d'azione nella scelta del loro nome. All'inizio questa scelta può essere fonte di confusione quando leggi o scrivi un programma. Ad esempio, i tre script seguenti seppur identici in termini di funzionalità, sembrano molto diversi quando li leggi e provi a capirne il funzionamento.

```
a = 35.0
b = 12.50
c = a * b
print(c)
```

```
hours = 35.0
rate = 12.50
pay = hours * rate
print(pay)

x1q3z9ahd = 35.0
x1q3z9afd = 12.50
x1q3p9afd = x1q3z9ahd * x1q3z9afd
print(x1q3p9afd)
```

Python interpreta tutti e tre *esattamente allo stesso modo* mentre noi umani leggiamo e comprendiamo questi programmi in modo abbastanza diverso. Si capisce velocemente lo *scopo* del secondo esempio poiché lo sviluppatore ha scelto il nome delle variabili pensando a quali dati saranno memorizzati in ciascuna di esse. Chiamiamo questi nomi di variabili così saggiamente scelti "nomi mnemonici delle variabili". La parola *mnemonico*[2] significa letteralmente "aiuto per la memoria". Scegliamo nomi mnemonici per le variabili principalmente per aiutarci a ricordare il perché le abbiamo create. Mentre tutto ciò sembra grandioso, i nomi delle variabili mnemonici possono essere d'intralcio alla capacità di uno sviluppatore alle prime armi di analizzare e comprendere un codice. Questo perché gli sviluppatori principianti non hanno ancora memorizzato le parole riservate (ce ne sono solo 33) e talvolta variabili con nomi troppo descrittivi iniziano a sembrare parte del linguaggio e non solo nomi di variabili ben scelti. Dai una rapida occhiata al seguente codice esempio di Python che viene eseguito ripetutamente (in loop) su alcuni dati. Affronteremo presto i loop, ma per ora cerca di capire che cosa significhi:

```
for word in words:
    print(word)
```

Cosa sta succedendo? Quali parole (for, word, in, ecc.) sono parole riservate e quali sono solo variabili? Python riesce a capire a livello fondamentale la nozione di parole? I programmatori principianti hanno difficoltà a distinguere quali parti del codice *debbano* restare invariate, come in questo esempio, e quali parti del codice siano semplicemente scelte fatte dallo sviluppatore. Il seguente codice equivale al precedente:

```
for slice in pizza:
    print(slice)
```

Per il programmatore alle prime armi è più facile leggere questo script per sapere quali parti siano parole riservate di Python e quali parti siano semplicemente variabili. È abbastanza chiaro che Python non conosce la nozione di pizza e trancio (slice) e che una pizza sia composta da un insieme di uno o più tranci. Ma se il nostro programma riguarda veramente la lettura di dati e la ricerca di parole nei dati, pizza e slice non sono per niente nomi mnemonici di variabili. Sceglierli come nomi di variabili ci distrae dallo scopo del programma. Dopo un breve periodo di tempo, conoscerai le più comuni parole riservate e inizieranno a saltarti agli occhi:

---

[2]Vedi http://www.treccani.it/vocabolario/mnemonico/ per un'estesa descrizione della parola "mnemonico".

Le parti del codice definite da Python (`for`, `in`, `print`, e `:`) sono in grassetto, contrariamente alle variabili scelte dallo sviluppatore (`word` e `words`). Molti editor di testo riconoscono la sintassi di Python e colorano le parole riservate in modo diverso mettendole in evidenza rispetto alle variabili. Dopo un po' di pratica nel leggere Python sarai in grado di capire rapidamente quale sia una variabile e quale una parola riservata.

2.13   Debug

A questo punto, l'errore di sintassi più probabile che tu possa fare è scegliere un nome di variabile non consentito, come `class` e `yield`, che sono parole chiave, o `odd~job eUS$`, che contengono caratteri non consentiti. Se inserisci uno spazio nel nome di variabile, Python riterrà che si tratti di due operandi senza un operatore:

```
>>> bad name = 5
SyntaxError: invalid syntax
```

```
>>> month = 09
  File "<stdin>", line 1
    month = 09
            ^
SyntaxError: invalid token
```

Per quanto riguarda gli errori di sintassi, bisogna dire che i messaggi di errore non sono di grande aiuto. I messaggi più comuni, `SyntaxError: invalid syntax` e `SyntaxError: invalid token`, sono entrambi poco esplicativi. L'errore di runtime più comune è "use before def;": cioè l'utilizzo di una variabile prima di averle assegnato un valore. Questo può verificarsi se viene scritta una variabile in modo errato:

```
>>> principal = 327.68
>>> interest = principle * rate
NameError: name 'principle' is not defined
```

I nomi delle variabili sono case-sensitive: `LaTeX` non è lo stesso di `latex`. A questo punto la causa più probabile di un errore semantico è l'ordine delle operazioni. Ad esempio, per calcolare $1/2\pi$, potresti essere tentato di scrivere:

```
>>> 1.0 / 2.0 * pi
```

Dato che la divisione viene effettuata per prima, otterrai $\pi/2$ che non è la stessa cosa! Poiché Python non ha modo di sapere cosa volessi realmente scrivere, non riceverai un messaggio di errore ma solo un risultato errato.

2.14 Glossario

Istruzione Istruzione che assegna un valore a una variabile.

Concatenare Unire due operandi tra di loro.

Commento Informazione in un programma destinato ad altri programmatori (o a chiunque stia leggendo il codice sorgente) e non ha alcun effetto sull'esecuzione del programma.

Calcolare Semplificare un'espressione eseguendo le operazioni in modo da ottenere un unico valore.

Espressione Combinazione di variabili, operatori e valori che fornisce un singolo valore come risultato.

Virgola mobile Tipo di dato composto da numeri con le parti frazionarie.

Interi Tipo di dato composto da numeri interi.

Parola chiave o riservata Una parola riservata che viene utilizzata dal compilatore per analizzare un programma; non potete utilizzare parole chiave come `if`, `def` e `while` come nomi di variabili.

Mnemonico Un aiuto mnemonico: spesso diamo alle variabili nomi mnemonici per aiutarci a ricordare cosa è memorizzato nella variabile.

Operatore modulo Un operatore, rappresentato con il segno di percentuale (%), che funziona con numeri interi e restituisce il resto quando un numero è diviso per un altro.

Operando Uno dei valori su cui viene applicato un operatore.

Operatore Simbolo speciale che rappresenta un semplice calcolo come addizioni, moltiplicazioni o concatenazioni di stringhe.

Regole di precedenza Insieme di regole che disciplinano l'ordine in cui vengono calcolate le espressioni che coinvolgono molteplici operatori e operandi.

Istruzione Una sezione di codice che rappresenta un comando o un'azione. Finora le istruzioni che abbiamo visto sono assegnazioni e istruzioni di stampa.

Stringa Un tipo di dato composto da una sequenza di caratteri.

Tipo Una categoria di valori. I tipi visti fino ad ora sono gli interi (tipo `int`), i numeri a virgola mobile (tipo `float`) e le stringhe (tipo `str`).

Valore Una delle unità di base dei dati, come numeri o stringhe, che possono essere manipolate da un programma.

Variabile Un nome assegnato ad un valore.

2.15 Esercizi

Esercizio 2: Scrivi un programma che usi `input` per chiedere all'utente il proprio nome e poi dia loro il benvenuto.

```
Enter your name: Chuck
Hello Chuck
```

Esercizio 3: Scrivi un programma per richiedere all'utente ore di lavoro e tariffe orarie per calcolare la retribuzione lorda.

```
Enter Hours: 35
Enter Rate: 2.75
Pay: 96.25
```

Per ora non ci preoccuperemo di assicurarci che la paga abbia esattamente due cifre dopo la virgola. Se vuoi, puoi giocare con la funzione **round** di Python per arrotondare correttamente la retribuzione risultante a due cifre decimali.

Esercizio 4: Supponiamo di eseguire le seguenti istruzioni di assegnazione:

```
width = 17
height = 12.0
```

Per ciascuna delle seguenti espressioni, scrivi il valore dell'espressione e il tipo di dato (del valore dell'espressione). 1. `width//2` 2. `width/2.0` 3. `height/3`

```
>>> print(1,000,000)
1 0 0
```

Utilizza l'interprete Python per verificare le tue risposte.

Esercizio 5: Scrivi un programma che, richiesta all'utente una temperatura in gradi Celsius, la converta in Fahrenheit e poi la visualizzi.

Capitolo 3

Esecuzione condizionale

3.1 Espressioni booleane

Un'espressione *booleana* è un'espressione che può assumere solo i valori vero o falso. Negli esempi seguenti l'operatore == viene utilizzato per la comparazione di due operandi e produrrà True nel caso siano uguali o False in caso contrario:

```
>>> 5 == 5
True
>>> 5 == 6
False
{}
```

True e False non sono considerati stringhe ma sono valori speciali appartenenti al tipo bool:

```
>>> type(True)
<class 'bool'>
>>> type(False)
<class 'bool'>
```

L'operatore == è uno degli *operatori di comparazione*; gli altri sono:

```
x != y          # x is not equal to y
x > y           # x is greater than y
x < y           # x is less than y
x >= y          # x is greater than or equal to y
x <= y          # x is less than or equal to y
x is y          # x is the same as y
x is not y      # x is not the same as y
```

Anche se queste operazioni ti saranno probabilmente familiari, i simboli utilizzati da Python sono diversi da quelli matematici. Un errore comune è l'utilizzare un singolo segno di uguale (=) al posto di un doppio segno di uguale (==): Ricorda che = assegna un valore mentre == compara due valori. Al momento non esiste un operatore simile a =< o =>.

3.2   Operatori logici

Esistono tre *operatori logici*: **and, or** e **not**. La semantica (significato) di questi operatori è simile al loro significato nella lingua inglese. Ad esempio: `x> 0 and x <10` è TRUE solo se `x` è maggiore di 0 *e* minore di 10.

`n%2 == 0 or n%3 == 0` è TRUE se si verifica *una* delle condizioni: cioè se il numero è divisibile per 2 *o* 3. Infine, l'operatore **not** nega un'espressione booleana, quindi `not (x > y)` è true se `x > y` è false; cioè, se `x` è minore o uguale a `y`. In pratica, gli operandi degli operatori logici dovrebbero essere espressioni booleane, anche Python non è molto rigoroso in merito. Qualsiasi numero diverso da zero viene interpretato come "true":

```
>>> 17 and True
True
```

Seppure questa flessibilità possa tornare utile, ci sono alcuni dettagli che potrebbero creare confusione. A meno che non si sappia cosa si stia facendo, è il caso di evitare un evento del genere.

3.3   Esecuzione condizionale

Per scrivere programmi utili, abbiamo quasi sempre bisogno di verificare le condizioni e modificare di conseguenza il comportamento del programma. Le *istruzioni condizionali* ci danno questa capacità. La forma più semplice è l'istruzione **if**:

```
if x > 0 :
    print('x is positive')
```

L'espressione booleana dopo l'istruzione **if** è chiamata *condizione*. Al termine dell'istruzione **if** va posto il carattere due punti (:), la linea/linee di codice seguenti devono essere indentate (rientrate).

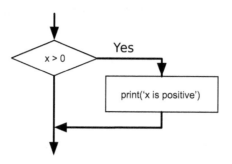

Figura 3.1: Logica If

Se la condizione logica è vera verrà eseguita l'istruzione indentata. Se la condizione logica è falsa, questa verrà saltata.

Le istruzioni `if` hanno la stessa struttura delle definizioni di funzione o dei cicli `for`[1]. L'istruzione è composta da una riga di intestazione che termina con i due punti (:) seguita da un blocco indentato. Istruzioni come questa sono definite *composte* perché si estendono su più righe. Pur non essendoci alcun limite al numero di istruzioni che possono apparire nel blocco, deve esserne presente almeno una. Ad esempio, è utile avere un blocco senza istruzioni (sempre come segnaposto per codice non ancora scritto). In tal caso, puoi usare l'istruzione `pass`, che non produce alcun effetto.

```
if x < 0 :
    pass        # need to handle negative values!
```

Se immetti un'istruzione `if` nell'interprete Python, il prompt cambierà da tre chevron a tre punti per segnalare che ci si trova nel mezzo di un blocco di istruzioni, come mostrato di seguito:

```
>>> x = 3
>>> if x < 10:
...     print('Small')
...
Small
>>>
```

Quando utilizzi l'interprete Python, è necessario lasciare una riga vuota alla fine di un blocco, in caso contrario Python restituirà un errore:

```
>>> x = 3
>>> if x < 10:
...     print('Small')
... print('Done')
  File "<stdin>", line 3
    print('Done')
    ^
SyntaxError: invalid syntax
```

Durante la scrittura e l'esecuzione di uno script non è necessaria una riga vuota alla fine di un blocco di istruzioni, anche se questa può migliorare la leggibilità del codice.

3.4 Esecuzione alternativa

Una seconda forma dell'istruzione `if` è l'*esecuzione alternativa* in cui sono state previste due possibilità e la condizione determina quale debba essere eseguita. La sintassi ha questo aspetto:

---

[1]Impareremo a conoscere funzioni e cicli rispettivamente nel Capitolo 4 e 5.

```
if x%2 == 0 :
    print('x is even')
else :
    print('x is odd')
```

Nell'operazione x diviso 2, se il resto è 0, sappiamo che x è pari e il programma visualizza un messaggio in tal senso. Se la condizione è false, viene eseguita la seconda serie di istruzioni.

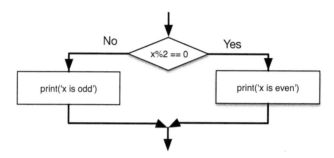

Figura 3.2: Logica If-Then-Else

Poiché questa condizione deve necessariamente essere vera o falsa, verrà eseguita una delle alternative. Le alternative sono chiamate *branches* perché sono come rami nel flusso di esecuzione.

3.5 Condizioni concatenate

A volte è necessario prevedere più di due possibilità e di conseguenza occorre inserire più di due branche. Un modo per esprimere un simile calcolo è utilizzare le condizioni *concatenate*:

```
if x < y:
    print('x is less than y')
elif x > y:
    print('x is greater than y')
else:
    print('x and y are equal')
```

elif è l'abbreviazione di "else if". Anche stavolta verrà eseguito un solo ramo.

Non c'è limite al numero di istruzioni elif. Possono essere utilizzate svariate condizioni else, purché siano inserite alla fine.

```
if choice == 'a':
    print('Bad guess')
elif choice == 'b':
    print('Good guess')
elif choice == 'c':
    print('Close, but not correct')
```

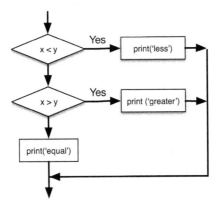

Figura 3.3: Logica If-Then-ElseIf

Ogni condizione viene controllata in ordine. Se la prima condizione è falsa, verrà controllata la successiva e così via. Se una tra queste condizioni risulta vera, verrà eseguito il branch corrispondente e l'istruzione sarà terminata. Anche se più di una condizione è vera, verrà eseguito solo il primo branch vero.

3.6 Condizioni nidificate

Una condizione può anche essere annidata all'interno di un'altra. Avremmo potuto scrivere l'esempio a tre branch anche in questo modo:

```
if x == y:
    print('x and y are equal')
else:
    if x < y:
        print('x is less than y')
    else:
        print('x is greater than y')
```

La condizione esterna contiene due branch. Il primo contiene una semplice istruzione. Il secondo branch contiene un'istruzione `if`, composta da due branch propri. Questi due branch sono entrambi semplici istruzioni, sebbene possano essere anche istruzioni condizionali.

Nonostante l'indentazione delle istruzioni renda la struttura visivamente più intuitiva, le *condizioni nidificate* diventano molto rapidamente difficili da comprendere. In generale, è meglio evitarle quando possibile. Gli operatori logici forniscono spesso un modo per semplificare le istruzioni nidificate. Ad esempio, possiamo riscrivere lo script seguente usando una singola condizione:

```
if 0 < x:
    if x < 10:
        print('x is a positive single-digit number.')
```

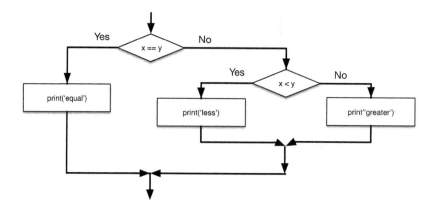

Figura 3.4: Condizioni nidificate

Dato che l'istruzione **print** viene eseguita solo se vengono soddisfatte entrambe le condizioni, possiamo ottenere lo stesso effetto con l'operatore **and**:

```python
if 0 < x and x < 10:
    print('x is a positive single-digit number.')
```

3.7 Gestione delle eccezioni usando try ed except

In precedenza abbiamo esaminato un segmento di codice in cui abbiamo utilizzato le funzioni **input** e **int** per leggere e analizzare un numero intero inserito dall'utente. Abbiamo anche visto che questo potrebbe risultare insidioso:

```python
>>> prompt = "What...is the airspeed velocity of an unladen swallow?\n"
>>> speed = input(prompt)
What...is the airspeed velocity of an unladen swallow?
What do you mean, an African or a European swallow?
>>> int(speed)
ValueError: invalid literal for int() with base 10:
>>>
```

Quando l'interprete Python esegue queste istruzioni, verrà visualizzato un nuovo prompt, come se Python avesse pensato "oops" e fosse passato all'istruzione successiva. Tuttavia, se inserisci questo codice in uno script Python e si verifica questo errore, lo script si ferma immediatamente visualizzando un traceback, rifiutandosi di eseguire l'istruzione successiva.

Questo è uno script di esempio per convertire una temperatura da Fahrenheit a Celsius:

```python
inp = input('Enter Fahrenheit Temperature: ')
fahr = float(inp)
cel = (fahr - 32.0) * 5.0 / 9.0
print(cel)
```

```
# Code: http://www.py4e.com/code3/fahren.py
```

Se eseguiamo questo codice e gli forniamo valori non validi, fallirà semplicemente mostrando un messaggio di errore poco amichevole:

```
python fahren.py
Enter Fahrenheit Temperature:72
22.22222222222222
```

```
python fahren.py
Enter Fahrenheit Temperature:fred
Traceback (most recent call last):
  File "fahren.py", line 2, in <module>
    fahr = float(inp)
ValueError: could not convert string to float: 'fred'
```

Per gestire questi tipi di errori previsti e inaspettati esiste una funzione condizionale incorporata in Python chiamata "try/except". La finalità di **try** e **except** è collegata al sapere in anticipo che alcune sequenze di istruzioni potrebbero incontrare problemi. Pertanto si possono aggiungere alcune istruzioni alternative da eseguire in caso di errore. Queste istruzioni aggiuntive (il blocco except) verranno ignorate se non si verificano errori. Potresti pensare alla funzione **try** e **except** in Python come ad una "polizza assicurativa" su una sequenza di istruzioni. Ad esempio, possiamo riscrivere il codice del nostro convertitore di temperatura come segue:

```
inp = input('Enter Fahrenheit Temperature:')
try:
    fahr = float(inp)
    cel = (fahr - 32.0) * 5.0 / 9.0
    print(cel)
except:
    print('Please enter a number')
```

```
# Code: http://www.py4e.com/code3/fahren2.py
```

Python dopo l'inserimento di un valore esegue la sequenza di istruzioni nel blocco **try**. Se non rileva errori, salta il blocco **except** e procede. Se si verifica un'eccezione nel blocco **try**, Python blocca l'esecuzione **try** ed esegue le istruzioni presenti nel blocco **except**.

```
python fahren2.py
Enter Fahrenheit Temperature:72
22.22222222222222
```

```
python fahren2.py
Enter Fahrenheit Temperature:fred
Please enter a number
```

Gestire un'eccezione con un'istruzione **try** è definito "*catching* di un'eccezione". In questo esempio, la condizione **except** mostra un messaggio di errore. In generale, il *catching* di un'eccezione ti dà la possibilità di risolvere il problema o di riprovare, o almeno di terminare il programma elegantemente.

3.8 Valutazione di un cortocircuito di espressioni logiche

Quando Python sta elaborando un'espressione logica come x >= 2 and (x/y) > 2, calcola l'espressione da sinistra a destra. A causa della definizione di and, se x è minore di 2, l'espressione x >= 2 è False e quindi l'intera espressione è False indipendentemente dal fatto che (x/y) > 2 restituisca True o False. Quando Python rileva che non c'è nulla da guadagnare valutando il resto di un'espressione logica, interrompe la valutazione senza eseguire i calcoli rimanenti. Questo caso viene chiamato "*cortocircuito* della valutazione".

Anche se ciò ti potrà sembrare una sottigliezza, il comportamento di cortocircuito porta a una tecnica intelligente chiamata *schema del guardiano*. Considera la seguente sequenza di codice:

```
>>> x = 6
>>> y = 2
>>> x >= 2 and (x/y) > 2
True
>>> x = 1
>>> y = 0
>>> x >= 2 and (x/y) > 2
False
>>> x = 6
>>> y = 0
>>> x >= 2 and (x/y) > 2
Traceback (most recent call last):
  File "<stdin>", line 1, in <module>
ZeroDivisionError: division by zero
>>>
```

Il terzo esempio ha dato errore perché Python, nel calcolare (x/y) dove y è zero, è incappato in un errore di runtime. Il secondo esempio *non* è fallito perché, essendo la prima parte dell'espressione x >= 2 calcolata come False, (x/y) non è mai stato eseguito a causa della regola del *cortocircuito*. Possiamo utilizzare questa logica per posizionare strategicamente uno *schema del guardiano* appena prima del calcolo che potrebbe causare un errore, come nell'esempio seguente:

```
>>> x = 1
>>> y = 0
>>> x >= 2 and y != 0 and (x/y) > 2
False
>>> x = 6
```

```
>>> y = 0
>>> x >= 2 and y != 0 and (x/y) > 2
False
>>> x >= 2 and (x/y) > 2 and y != 0
Traceback (most recent call last):
  File "<stdin>", line 1, in <module>
ZeroDivisionError: division by zero
>>>
```

Nella prima espressione logica, `x >= 2` è `False`, quindi il calcolo si ferma su `and`. Nella seconda espressione logica, `x >= 2` è `True` ma `y != 0` è `False` quindi non raggiungiamo mai `(x/y)`. Nella terza espressione logica, il `y != 0` viene *dopo* il calcolo `(x/y)` pertanto l'espressione fallisce con un errore. Nella seconda espressione, diciamo che `y != 0` ha la funzione da *guardia* per assicurare che `(x/y)` venga eseguito solo se `y` è diverso da zero.

3.9 Debug

Quando si verifica un errore Python visualizza un traceback contenente molte informazioni che possono essere difficili da gestire ed interpretare. Le parti più utili sono di solito:

- il tipo di errore;
- dove si è verificato.

Gli errori di sintassi sono solitamente facili da trovare, ma ci sono alcuni tranelli. Gli errori di spaziatura possono essere difficoltosi da correggere perché gli spazi e le tabulazioni sono normalmente invisibili e siamo abituati ad ignorarli.

```
>>> x = 5
>>>  y = 6
  File "<stdin>", line 1
    y = 6
    ^
IndentationError: unexpected indent
```

In questo esempio, la seconda riga è rientrata di uno spazio, ma il messaggio di errore punta ad `y` e ciò può essere fuorviante. In generale, i messaggi di errore indicano il punto dove è stato rilevato il problema, anche se l'errore reale potrebbe essere in un punto precedente nel codice, a volte su una riga precedente. In generale, i messaggi di errore indicano dove è stato scoperto il problema, ma spesso quel punto non coincide con il punto dove è stato causato.

3.10   Glossario

Blocco La sequenza di istruzioni presenti all'interno di un'istruzione composta.

Espressione booleana Espressione che può assumere il valore Vero o Falso.

Branch Una delle sequenze di istruzioni alternative di un'istruzione condizionale.

Condizione concatenata Un'istruzione condizionale con una serie di branch alternativi.

Operatore di comparazione Operatore che permette di confrontare due operandi: ==, !=, >, <, >= e <=.

Istruzione condizionale Una istruzione che controlla il flusso di esecuzione in base alle condizioni impostate dallo sviluppatore.

Condizione L'espressione booleana in un'istruzione condizionale che determina quale branch debba essere eseguito.

Compound statement Un'istruzione composta da un'intestazione e che termina con due punti (:) ed un corpo rientrato rispetto all'intestazione.

Schema del guardiano Espressione logica che, con comparazioni aggiuntive, sfruttare il comportamento definito *cortocircuito della valutazione*.

Operatore logico Uno degli operatori che combina espressioni booleane: and, or, e not.

Condizionale nidificato Un'istruzione condizionale che appare in uno dei branch di un'altra istruzione condizionale.

Traceback Elenco delle funzioni in esecuzione che viene visualizzato quando si verifica un'eccezione.

Cortocircuito Si verifica quando Python, a metà strada nel calcolo di un'espressione logica, interrompe il calcolo perché conosce il valore finale dell'espressione senza dover calcolare il resto delle operazioni.

3.11   Esercizi

Esercizio 1: Riscrivi lo script del calcolo della retribuzione per attribuire ad un dipendente una maggiorazione oraria di 1,5 volte, per le ore di lavoro straordinario fatte oltre le 40.

```
Enter Hours: 45
Enter Rate: 10
Pay: 475.0
```

Esercizio 2: Riscrivi lo script sul calcolo della retribuzione utilizzando try e except in modo che il programma gestisca input non-numerici in maniera elegante visualizzando un messaggio prima di uscire dal programma. Di seguito vengono mostrate due esecuzioni del programma:

```
Enter Hours: 20
Enter Rate: nine
Error, please enter numeric input
```

```
Enter Hours: forty
Error, please enter numeric input
```

Esercizio 3: Scrivi un programma per richiedere un valore compreso tra 0.0 e 1.0. Se non è compreso nell'intervallo specificato, visualizza un messaggio di errore. Se è compreso tra 0,0 e 1,0, visualizza un giudizio utilizzando la seguente tabella:

```
 Score    Grade
>= 0.9      A
>= 0.8      B
>= 0.7      C
>= 0.6      D
 < 0.6      F


Enter score: 0.95
A


Enter score: perfect
Bad score


Enter score: 10.0
Bad score


Enter score: 0.75
C


Enter score: 0.5
F
```

Esegui varie volte il programma per testarlo con diversi valori di input.

Capitolo 4

Funzioni

4.1 Chiamate di funzione

Quando si parla di programmazione, per *funzione* intendiamo una sequenza specifica di istruzioni a cui è stato attribuito un nome, che ha lo scopo di eseguire un'operazione o calcolo particolare. Una volta definita, è possibile "chiamare" una funzione per mezzo del suo nome.

In precedenza abbiamo già visto un esempio di una *chiamata di funzione*:

```
>>> type(32)
<class 'int'>
```

in questo esempio il nome della funzione è `type` mentre il numero 32 tra parentesi è l'*argomento* della funzione. L'argomento può essere un valore o una variabile che stiamo passando alla funzione come input. In questo caso specifico il risultato della funzione `type` è il tipo di dato dell'argomento: <class 'int'>.

Nel gergo informatico si dice che una funzione "accetta" un argomento e "restituisce" un *valore di ritorno*.

4.2 Funzioni integrate

In Python sono integrate un gran numero di funzioni utili, create per svolgere le attività più comuni, che possiamo usare senza doverle definire. Ad esempio le funzioni `max` e `min` ci forniscono rispettivamente i valori più grandi e più piccoli di un elenco:

```
>>> max('Hello world')
'w'
>>> min('Hello world')
' '
>>>
```

La funzione `max` ci indica che il "carattere più grande" nella stringa é la lettera "w" mentre `min` ci mostra che il carattere più piccolo é lo spazio. Un'altra funzione molto utilizzata è la funzione `len` che ci dice quanti oggetti ci sono nell'argomento analizzato. Nell'esempio seguente l'argomento di `len` è una stringa e perciò viene restituito il numero di caratteri nella stringa.

```
>>> len('Hello world')
11
>>>
```

Come vedremo nei prossimi capitoli queste funzioni non sono progettate per operare solo con le stringhe ma possono essere applicate su un qualsiasi insieme di valori. Voglio ricordarti che anche i nome di funzioni vanno trattati come parole riservate (ad esempio, evita di utilizzare "max" come nome di variabile).

4.3   Funzioni di conversione dei tipi di dato

Altre funzioni integrate in Python ti permettono di convertire i valori da un tipo ad un altro: ad esempio la funzione `int` accetta qualsiasi valore e, qualora sia possibile, lo converte in un numero intero. In caso contrario si "lamenta" visualizzando un messaggio d'errore:

```
>>> int('32')
32
>>> int('Hello')
ValueError: invalid literal for int() with base 10: 'Hello'
```

`int` può convertire valori in virgola mobile in numeri interi eliminando semplicemente la parte frazionaria senza arrotondare il dato:

```
>>> int(3.99999)
3
>>> int(-2.3)
-2
```

`float` converte numeri interi e stringhe in numeri in virgola mobile:

```
>>> float(32)
32.0
>>> float('3.14159')
3.14159
```

`str` converte l'argomento in una stringa:

```
>>> str(32)
'32'
>>> str(3.14159)
'3.14159'
```

4.4 Funzioni matematiche

Il modulo `math` di Python ti permette di eseguire la maggior parte delle più comuni funzioni matematiche. Essendo un modulo, va importato prima di poterlo utilizzare:

```
>>> import math
```

Questa istruzione crea un *oggetto modulo* chiamato math. Tramite il comando print ti é possibile ottenerne alcune informazioni di base:

```
>>> print(math)
<module 'math' (built-in)>
```

Per accedere a una delle funzioni gestite da questo modulo è necessario specificare il nome del modulo e della funzione desiderata separati da un punto. Questo particolare formato viene chiamato *notazione punto*.

```
>>> ratio = signal_power / noise_power
>>> decibels = 10 * math.log10(ratio)

>>> radians = 0.7
>>> height = math.sin(radians)
```

Nel primo esempio viene calcolato il logaritmo in base 10 del rapporto segnale/rumore. Il modulo math è dotato anche di una funzione chiamata `log` che calcola i logaritmi in base `e`.

Nel secondo esempio é stato calcolato il seno in **radianti**. Il nome della variabile ti dovrebbe suggerire che `sin` e le altre funzioni trigonometriche (`cos`, `tan`, ecc.) accettano un argomento in radianti. Per convertire i gradi in radianti, dovrai dividere il dato in ingresso per 360 e moltiplicarlo per 2π:

```
>>> degrees = 45
>>> radians = degrees / 360.0 * 2 * math.pi
>>> math.sin(radians)
0.7071067811865476
```

L'espressione `math.pi` richiama la variabile `pi` dal modulo math il cui valore è un'approssimazione di π a circa 15 cifre.

Se mastichi un po' di trigonometria, puoi controllare il risultato precedente confrontandolo con la radice quadrata di due fratto due:

```
>>> math.sqrt(2) / 2.0
0.7071067811865476
```

4.5   Numeri casuali

Dato il medesimo input, la maggior parte dei programmi per computer genera sempre lo stesso output. Per tale motivo vengono detti *deterministici*. Il determinismo di solito è una cosa auspicabile poiché ci aspettiamo che lo stesso calcolo produca sempre lo medesimo risultato. Ci sono casi in cui, tuttavia, desideriamo che il computer sia imprevedibile come accade ad esempio nei giochi.

Realizzare un programma veramente non deterministico non é così semplice come potrebbe sembrare a prima vista anche se esistono modi per farlo almeno sembrare tale. Uno di questi è usare *algoritmi* che generano numeri *pseudo-casuali*. I numeri pseudo-casuali non sono veramente casuali perché sono generati da un calcolo deterministico, ma osservando solo i numeri è quasi impossibile distinguerli da quelli casuali.

Il modulo `random` fornisce funzioni che generano numeri pseudo-casuali (che chiameremo semplicemente "casuali" da qui in poi).

La funzione `random` restituisce un numero decimale casuale compreso tra 0.0 e 1.0 (comprendendo 0.0 ma non 1.0). Ogni volta che evochi `random`, ottieni il numero successivo di una lunga serie. Prova a far girare questo ciclo:

```
import random

for i in range(10):
    x = random.random()
    print(x)
```

Questo programma ti fornirà il seguente elenco di 10 numeri casuali compresi tra 0.0 e 1.0 (1.0 escluso).

```
0.11132867921152356
0.5950949227890241
0.04820265884996877
0.841003109276478
0.997914947094958
0.04842330803368111
0.7416295948208405
0.510535245390327
0.27447040171978143
0.028511805472785867
```

Esercizio 1:: Esegui lo script precedente sul tuo sistema per vedere quali numeri otterrai. Ripeti l'operazione più volte e confronta i risultati.

La funzione `random` è solo una delle molte funzioni che gestiscono i numeri casuali.

`randint` accetta i parametri `low` e `high` e restituisce un intero compreso tra i due (inclusi) estremi.

```
>>> random.randint(5, 10)
5
>>> random.randint(5, 10)
9
```

Tramite `choice` puoi scegliere un elemento da una sequenza casuale:

```
>>> t = [1, 2, 3]
>>> random.choice(t)
2
>>> random.choice(t)
3
```

Il modulo `random` fornisce anche funzioni per generare valori casuali da distribuzioni continue come la gaussiana, l'esponenziale, la gamma, ecc.

4.6 Aggiungere nuove funzioni

Anche se finora abbiamo solo usato le funzioni già presenti in Python, tieni a mente che è possibile aggiungerne di nuove. Tramite la *definizione di funzione* puoi specificare il nome di una nuova funzione composta da una sequenza di istruzioni. Una volta definita, puoi richiamarla e riutilizzarla a piacimento all'interno del tuo programma.

Ecco un esempio:

```
def print_lyrics():
    print("I'm a lumberjack, and I'm okay.")
    print('I sleep all night and I work all day.')
```

`def` è la parola chiave che indica che il nome di questa funzione è `print_lyrics`. Fai attenzione che per i nomi delle funzioni valgono le stesse regole in vigore per i nomi delle variabili: sono consentiti lettere, numeri e alcuni segni di punteggiatura ma il primo carattere non può mai essere un numero. Inoltre, non puoi utilizzare una parola chiave come nome di una funzione, e evita di dare lo stesso nome ad una variabile e ad una funzione.

Le parentesi vuote dopo il nome indicano che questa funzione non accetta argomenti. Nei capitoli seguenti ti insegnerò a costruire delle funzioni che ricevono degli argomenti come input.

Una funzione è composta da un *header*, la prima riga della funzione, ed un *corpo* composto dal resto delle istruzioni. L'header deve sempre terminare con due punti e il corpo, che deve essere indentato per convenzione di quattro spazi, può contenere un numero qualsiasi di istruzioni.

Se decidi di scrivere una definizione di funzione in modalità interattiva, l'interprete continuerà a visualizzare tre punti di sospensione (...) fino a quando non inserirai una riga vuota per indicare che hai completato il corpo:

```
>>> def print_lyrics():
...     print("I'm a lumberjack, and I'm okay.")
...     print('I sleep all night and I work all day.')
...
```

Se invece la definizione di una funzione fa parte di uno script non è necessario che tu inserisca la riga vuota finale.

La definizione di una funzione crea una variabile con lo stesso nome.

```
>>> print(print_lyrics)
<function print_lyrics at 0xb7e99e9c>
>>> print(type(print_lyrics))
<class 'function'>
```

Il valore di `print_lyrics` è un *oggetto funzione* di tipo "funzione".

La sintassi per chiamare la nuova funzione è la stessa utilizzata per le funzioni integrate:

```
>>> print_lyrics()
I'm a lumberjack, and I'm okay.
I sleep all night and I work all day.
```

Una volta che avrai definito una funzione, potrai utilizzarla all'interno di un'altra funzione. Ad esempio, per ripetere il ritornello precedente, potremmo scrivere una funzione chiamata `repeat_lyrics`:

```
def repeat_lyrics():
    print_lyrics()
    print_lyrics()
```

Chiamando la funzione `repeat_lyrics` otterremo questo risultato:

```
>>> repeat_lyrics()
I'm a lumberjack, and I'm okay.
I sleep all night and I work all day.
I'm a lumberjack, and I'm okay.
I sleep all night and I work all day.
```

Ammetto che la canzone non faccia proprio così ma non è importante per ora.

4.7   Definizioni e usi

se mettiamo insieme i frammenti di codice della sezione precedente, dovremmo ottenere il seguente script:

```
def print_lyrics():
    print("I'm a lumberjack, and I'm okay.")
    print('I sleep all night and I work all day.')


def repeat_lyrics():
```

```
    print_lyrics()
    print_lyrics()

repeat_lyrics()

# Code: http://www.py4e.com/code3/lyrics.py
```

Questo script contiene due definizioni di funzione, `print_lyrics` e `repeat_lyrics`, che daranno luogo inizialmente a degli oggetti funzione le cui istruzioni non generano alcun output finché non viene eseguita l'ultima riga dello script.

Come ormai avrai capito, è necessario creare una funzione prima di poterla eseguire. In altre parole, la definizione della funzione deve essere effettuata prima della prima chiamata.

Esercizio 2: Sposta l'ultima riga di questo script all'inizio, in modo tale da far eseguire la chiamata della funzione prima delle due definizioni. Avvia il programma per verificare quale messaggio di errore riceverai.

Esercizio 3: sposta nuovamente la chiamata della funzione in fondo allo script ed inverti la posizione della definizione di `print_lyrics` e `repeat_lyrics`. Cosa succede quando esegui questo programma?

4.8 Flusso di esecuzione

Per garantire che una funzione venga definita prima del suo primo utilizzo, è necessario che tu conosca l'ordine in cui vengono eseguite le istruzioni, il così detto *flusso di esecuzione*.

L'esecuzione, che inizia sempre dalla prima istruzione dello script, prevede che le istruzioni vengano eseguite una alla volta dall'alto verso il basso.

Anche se le *definizioni di funzione* non alterano il flusso di esecuzione del programma, ricorda che le istruzioni contenute nella funzione non vengono eseguite fino a quando non venga chiamata la funzione.

Potresti paragonare una chiamata di funzione ad una deviazione nel flusso di esecuzione: invece di passare all'istruzione successiva, il flusso salta al corpo della funzione, esegue tutte le istruzioni contenute e quindi ritorna al punto in cui si era interrotto dove riprende la normale esecuzione.

Sembra abbastanza semplice vero? Sicuro? ti ricordi vero che una funzione può chiamarne un'altra? Il programma che stai analizzando, durante la sua esecuzione potrebbe dover eseguire le istruzioni di un'altra funzione esterna che a sua volta potrebbe eseguire un'altra funzione ancora!

Fortunatamente Python è bravo a tenere traccia di dove è arrivato con l'esecuzione. Quindi ogni volta che una funzione viene completata, il programma riprende da dove era stato interrotto dalla chiamata di funzione fino a giungere alla fine del programma dove terminerà la sua attività.

Qual è la morale di questa sordida storia? Quando leggi un programma non cercare di leggerlo da cima a fondo senza interruzioni ma ricorda il principio che a volte ha più senso seguire il flusso dell'esecuzione.

4.9   Parametri e argomenti

Alcune delle funzioni integrate che abbiamo visto richiedono degli argomenti:
`math.sin` ad esempio ha bisogno di un numero come argomento. Altre funzioni
richiedono più di un argomento: `math.pow` ne prende due, la base e l'esponente.

All'interno della funzione, gli argomenti sono assegnati a variabili chiamate *parametri*. Ecco un esempio di una funzione definita dall'utente che riceve un argomento:

```
def print_twice(bruce):
    print(bruce)
    print(bruce)
```

Questa funzione assegna l'argomento ad un parametro chiamato `bruce`. Quando viene chiamata la funzione, questa stampa due volte il valore del parametro
(qualunque esso sia).

Questa funzione opera con qualsiasi valore che possa essere visualizzato.

```
>>> print_twice('Spam')
Spam
Spam
>>> print_twice(17)
17
17
>>> import math
>>> print_twice(math.pi)
3.141592653589793
3.141592653589793
```

Dato che le regole di composizione che si applicano alle funzioni integrate si applicano anche a quelle definite dall'utente, possiamo usare qualsiasi tipo di espressione
come argomento per `print_twice`:

```
>>> print_twice('Spam '*4)
Spam Spam Spam Spam
Spam Spam Spam Spam
>>> print_twice(math.cos(math.pi))
-1.0
-1.0
```

L'argomento viene valutato prima che venga chiamata la funzione, quindi negli esempi precedenti le espressioni `Spam '* 4` e `math.cos (math.pi)` vengono
valutate una sola volta. Potete utilizzare inoltre una variabile come argomento:

```
>>> michael = 'Eric, the half a bee.'
>>> print_twice(michael)
Eric, the half a bee.
Eric, the half a bee.
```

Il nome della variabile che passiamo come argomento (`michael`) non ha nulla a che fare con il nome del parametro (`bruce`). Non importa quale sia il nome valore (nel chiamante); qui in `print_twice`, chiamiamo tutti `bruce`.

4.10 Funzioni produttive e funzioni vuote

Alcune delle funzioni che stiamo usando, come ad esempio le funzioni matematiche, restituiscono dei risultati; e, per mancanza di un nome migliore, vengono chiamate *funzioni produttive*. Altre funzioni, come `print_twice`, vengono chiamate *funzioni vuote* poiché eseguono un'azione ma non restituiscono alcun valore.

Quando chiamate una funzione produttiva, quasi sempre avete bisogno di utilizzarne il risultato: ad esempio potreste assegnarlo a una variabile o usarlo come parte di un'espressione.

```
x = math.cos(radians)
golden = (math.sqrt(5) + 1) / 2
```

Quando chiami una funzione in modalità interattiva, Python ne visualizza subito il risultato:

```
>>> math.sqrt(5)
2.23606797749979
```

in uno script la storia cambia completamente: se chiami una funzione produttiva e non ne memorizzi il risultato in una variabile, il valore di ritorno scomparirà rapidamente nella nebbia!

```
math.sqrt(5)
```

Credo che questo script non sia molto utile: è vero che calcola la radice quadrata di 5 ma non ne visualizza il risultato nè lo memorizza in una variabile.

Le funzioni vuote possono visualizzare qualcosa sullo schermo o avere qualche altro effetto, ma non hanno alcun valore di ritorno. Se tenti di assegnare il risultato a una variabile otterrai un valore speciale chiamato "None".

```
>>> result = print_twice('Bing')
Bing
Bing
>>> print(result)
None
```

Il valore `None` non è uguale alla stringa "None": è un valore speciale che ha un suo proprio tipo.

```
>>> print(type(None))
<class 'NoneType'>
```

Tramite l'istruzione **return** inserita nella nostra funzione, hai la possibilità di ottenere il risultato. Ad esempio potremmo creare una funzione molto semplice chiamata "addtwo" che somma due numeri e restituisce il risultato.

```
def addtwo(a, b):
    added = a + b
    return added

x = addtwo(3, 5)
print(x)

# Code: http://www.py4e.com/code3/addtwo.py
```

Quando questo script viene eseguito, l'istruzione **print** visualizza "8" perché la funzione **addtwo** è stata chiamata passandole gli argomenti 3 e 5. All'interno della funzione i parametri **a** e **b** hanno assunto rispettivamente il valore 3 e 5. La funzione calcola la somma dei due numeri e la inserisce nella variabile di funzione locale **added**. Infine tramite l'istruzione **return** il valore calcolato viene inviato al codice chiamante come risultato della funzione, assegnato alla variabile **x** e quindi visualizzato.

4.11   Perché le funzioni?

Potrebbe non esserti chiaro il motivo per cui vale la pena di suddividere un programma in funzioni. I motivi sono diversi:

- la creazione di una nuova funzione ti dà l'opportunità di dare un nome a un insieme di istruzioni, facilitandoti la lettura, la comprensione e il debug del tuo programma;
- le funzioni possono ridurre le dimensioni di un programma, eliminando la necessità di inserire lo stesso codice più volte. Se vuoi apporti un cambiamento o una correzione, devi farlo solo in un posto;
- dividere in funzioni un programma esteso, ti consente di eseguire il debug delle singole parti e solo dopo assemblarle in un insieme funzionante;
- le funzioni ben progettate sono spesso riutilizzabili in molti programmi: una volta che scritte e verificate le puoi riutilizzare ovunque credi.

Nel resto del libro, spesso userò una definizione di funzione per spiegare un concetto. Parte della capacità di creare e utilizzare le funzioni è di avere una funzione che interpreti correttamente una singola idea come "trova il valore più piccolo in un elenco di valori". Successivamente ti mostrerò il codice che trova il valore più piccolo in un elenco di valori e te lo presenterò come una funzione chiamata **min** che prende come argomento un elenco di valori e restituisce il valore più piccolo dell'elenco.

4.12 Debug

Nonostante il fatto che la maggior parte degli editor di testo sono in grado di riconoscere nativamente il codice Python, se usi un editor di testo per scrivere i tuoi script, potresti avere delle noie con spazi e tabulazioni. Il modo migliore per evitare questi problemi è utilizzare esclusivamente gli spazi evitando le tabulazioni.

Spesso il debug é reso più complicato dal fatto che le tabulazioni e spazi sono generalmente invisibili. Per mitigare questo problema prova ad utilizzare un editor che gestisca automaticamente l'indentazione.

Non dimenticare inoltre di salvare sempre il tuo script prima di eseguirlo dato che non tutti gli ambienti di sviluppo lo fanno automaticamente. In questo modo il codice che stai guardando nell'editor di testo sarà lo stesso che stai facendo girare.

Il debug può richiedere molto più tempo se continui a ripetere più e più volte lo stesso script bacato!

Assicurati sempre di eseguire l'ultima versione del codice che stai esaminando. Nel caso ti venissero dei dubbi, inserisci una riga tipo `print (" ciao ")` all'inizio del programma prima di eseguirlo nuovamente. Se non vedi apparire `ciao` ... non stai facendo girare la versione giusta!

4.13 Glossario

Algoritmo Un processo generale destinato a risolvere una categoria di problemi.

Argomento Il valore fornito a una funzione quando questa viene chiamata. Questo valore è assegnato al parametro corrispondente nella funzione.

Corpo La sequenza di istruzioni contenute in una definizione di funzione.

Composizione Utilizzo di un'espressione come parte di un'espressione più grande o di un'istruzione come parte di un'istruzione più ampia.

Deterministico Pertinente a un programma che, dati gli stessi input, produce lo stesso risultato ogni volta che viene eseguito.

Notazione del punto La sintassi per chiamare una funzione gestita da un modulo specificando il nome del modulo seguito da un punto e dal nome della funzione stessa.

Flusso di esecuzione L'ordine in cui le istruzioni vengono eseguite durante l'esecuzione di un programma.

Funzione produttiva Una funzione che restituisce un valore.

Funzione Sequenza di istruzioni provvista di nome che svolge alcune operazioni utili. Le funzioni possono accettare o non accettare argomenti e possono o meno produrre un risultato.

Chiamata di funzione L'istruzione che esegue una funzione. È composta dal nome della funzione seguito da un elenco di argomenti.

Definizione di funzione L'istruzione che da luogo ad una nuova funzione, specificandone il nome, i parametri e le istruzioni che esegue.

Oggetto funzione Il valore creato dalla definizione di funzione. Il nome della funzione è una variabile che fa riferimento a un oggetto funzione.

Header La prima riga di una definizione di funzione.

Istruzione import Un'istruzione che legge un modulo e crea un oggetto modulo.

Oggetto modulo Il valore creato dall'istruzione import che fornisce accesso ai dati e al codice definiti in un modulo.

Parametro Un nome utilizzato all'interno di una funzione per fare riferimento al valore passato come argomento.

Pseudo-casuale Sequenza di numeri apparentemente casuali generati da un programma deterministico.

Valore di ritorno Il risultato di una funzione. Se una chiamata di funzione viene utilizzata come espressione, il valore restituito è il valore dell'espressione.

Funzione vuota Funzione che non restituisce alcun valore.

4.14 Esercizi

Esercizio 4: A cosa serve la parola chiave "def" in Python?

  a) È gergale e significa "il codice seguente è veramente fico".

  b) Indica l'inizio di una funzione.

  c) Indica che la seguente sezione di codice indentata deve essere memorizzata per uno scopo successivo.

  d) b e c sono entrambe vere.

  e) Nessuno delle precedenti.

Esercizio 5: Cosa visualizzerà il seguente script Python?

```
def fred():
    print("Zap")

def jane():
    print("ABC")

jane()
fred()
jane()
```

  a) Zap ABC jane fred jane

  b) Zap ABC Zap

  c) ABC Zap jane

  d) ABC Zap ABC

  e) Zap Zap Zap

Esercizio 6: Riscrivi il calcolo della tua retribuzione con gli straordinari pagati il 50% in più creando una funzione chiamata `computepay` che richieda i due parametri `hours` e `rate`.

```
Enter Hours: 45
Enter Rate: 10
Pay: 475.0
```

Esercizio 7: Riscrivi lo script del capitolo precedente creando una funzione chiamata `computegrade` che accetta un punteggio come parametro e restituisce un voto sotto forma di stringa.

```
 Score    Grade
>= 0.9      A
>= 0.8      B
>= 0.7      C
>= 0.6      D
 < 0.6      F


Enter score: 0.95
A


Enter score: perfect
Bad score


Enter score: 10.0
Bad score


Enter score: 0.75
C


Enter score: 0.5
F
```

Prova ripetutamente lo script per testare diversi valori in input.

Capitolo 5

Iterazione

5.1 Aggiornamento delle variabili

Uno schema comune nelle istruzioni di assegnazione è l'aggiornamento di una variabile in cui il nuovo valore della variabile dipende da quello vecchio.

```
x = x + 1
```

Ciò significa "prendi il valore corrente di x, aggiungi 1, quindi aggiorna x con il nuovo valore."Se provi ad aggiornare una variabile che non esiste, otterrai un messaggio d'errore, perché Python verifica il lato destro dell'istruzione prima di assegnare un valore a x:

```
>>> x = x + 1
NameError: name 'x' is not defined
```

Prima di poter aggiornare una variabile, occorre *inizializzarla*, solitamente con una semplice assegnazione:

```
>>> x = 0
>>> x = x + 1
```

L'aggiornamento di una variabile aggiungendo 1 viene chiamato *incremento*; sottrarre 1 è definito *decremento*.

5.2 L'istruzione `while`

I computer sono spesso usati per automatizzare attività ripetitive. Ripetere compiti identici o simili senza fare errori è qualcosa che i computer fanno molto meglio degli umani. Poiché le iterazioni sono molto comuni, Python fornisce diverse funzionalità per renderle più semplici: una di queste è l'istruzione `while`. Ecco un semplice programma che esegue un conto alla rovescia partendo da cinque e poi dice "Decollo!".

```
n = 5
while n > 0:
    print(n)
    n = n - 1
print('Decollo!')
```

Puoi quasi leggere l'istruzione while come se fosse scritta in inglese: "Mentre n è maggiore di 0, mostra il valore di n e ad esso sottrai 1. Quando arrivi a 0, esci dall'istruzione while e visualizza la parola Decollo!"

Più formalmente, ecco il flusso di esecuzione per un'istruzione while: 1. Valuta la condizione, ottenendo come risultato True o False. 2. Se la condizione è falsa, esci dall'istruzione while e prosegui con l'istruzione successiva. 3. Se la condizione è vera, esegui il blocco e torna al passaggio 1. Questo tipo di flusso è chiamato *loop* o ciclo perché il terzo step ricomincia dall'inizio del ciclo. Ogni esecuzione del blocco incluso nel ciclo viene chiamata *iterazione*. Per il ciclo precedente, diremo che "aveva cinque iterazioni", in altre parole il blocco del loop è stato eseguito cinque volte.

Il blocco del ciclo dovrebbe cambiare il valore di una o più variabili in modo da far diventare infine falsa la condizione e far sì che il ciclo termini. Chiamiamo *variabile di iterazione* la variabile che cambia ogni volta che il ciclo viene eseguito e controlla quando il ciclo terminerà. Se non esiste una variabile di iterazione, il ciclo si ripeterà per sempre dando luogo ad un *ciclo infinito*.

5.3   Cicli infiniti

Una fonte inesauribile di divertimento per i programmatori è l'osservazione delle istruzioni sui flaconi di shampoo: "Insapona, risciacqua, ripeti". Rappresentano un ciclo infinito perché non esiste una *variabile di iterazione* che indica quante volte eseguire il ciclo.

Nel caso di countdown, possiamo dimostrare che il ciclo terminerà perché sappiamo che il valore di n è finito e possiamo vedere che il valore di n diminuisce ogni volta che si esegue il ciclo, arrivando alla fine a 0.

5.4   "Cicli infiniti" e break

A volte non si capisce che è il momento di terminare un ciclo fino a quando non si arriva a metà del blocco. In tal caso puoi scrivere di proposito un ciclo infinito e poi usare l'istruzione break per uscire dal loop. Il ciclo seguente è ovviamente un *ciclo infinito* perché l'espressione logica nell'istruzione while è semplicemente la costante logica True:

```
n = 10
while True:
    print(n, end=' ')
    n = n - 1
print('Done!')
```

Se commetti l'errore di eseguire questo codice, imparerai rapidamente a fermare un processo Python in esecuzione sul tuo sistema o a trovare il pulsante di spegnimento sul tuo computer. Questo programma verrà eseguito per sempre o fino a quando la tua batteria si esaurirà perché l'espressione logica nella parte superiore del ciclo è sempre vera in virtù del fatto che l'espressione è il valore costante True. Anche se questo è un ciclo infinito disfunzionale, possiamo ancora usare questo schema per costruire cicli utili, a patto di aggiungere con cura del codice al blocco del ciclo per uscirne esplicitamente usando break quando abbiamo raggiunto la condizione di uscita. Ad esempio, supponiamo di voler ricevere dati dall'utente fino a quando non digita done. Potresti scrivere:

```
while True:
    line = input('> ')
    if line == 'done':
        break
    print(line)
print('Done!')
```

```
# Code: http://www.py4e.com/code3/copytildone1.py
```

La condizione del ciclo è True, che è sempre vera, quindi il ciclo viene ripetuto finché non incontra l'istruzione break. Ogni volta viene mostrato il prompt all'utente con una parentesi angolare. Se l'utente digita done, l'istruzione break interrompe il ciclo, Altrimenti il programma ripete a pappagallo qualsiasi cosa scriva l'utente e torna all'inizio del ciclo. Ecco un esempio di esecuzione:

```
> hello there
hello there
> finished
finished
> done
Done!
```

Questo è un modo comune di scrivere cicli while perché è possibile controllare la condizione in qualsiasi punto del ciclo (non solo nella parte superiore) ed è possibile esprimere la condizione di arresto in modo affermativo ("fermati quando questo accade") piuttosto che in modo negativo ("continua finché ciò non accadrà.").

5.5   Fermare le iterazioni con `continue`

A volte ti puoi trovare nella ripetizione di un ciclo e desiderare di terminare l'iterazione corrente saltando immediatamente alla successiva. In questo caso puoi usare l'istruzione continue per saltare alla successiva iterazione senza terminare il corpo del ciclo per l'iterazione corrente. Di seguito puoi vedere un esempio di un ciclo che copia l'input ricevuto fino a quando l'utente digita "done" e considera le righe che iniziano con il carattere cancelletto (#) come righe da non visualizzare (un po' come i commenti di Python).

```
while True:
    line = input('> ')
    if line[0] == '#':
        continue
    if line == 'done':
        break
    print(line)
print('Done!')
```

```
# Code: http://www.py4e.com/code3/copytildone2.py
```

Ecco un esempio di questo nuovo programma con l'aggiunta di `continue`.

```
> hello there
hello there
> # don't print this
> print this!
print this!
> done
Done!
```

Vengono visualizzati tutti gli input, tranne quelli che iniziano con il segno cancelletto perché, quando viene eseguito `continue`, l'iterazione corrente termina e ritorna all'istruzione `while` per iniziare la successiva saltando l'istruzione `print`.

5.6 Cicli definiti con l'uso di `for`

A volte vogliamo eseguire il ciclo su un *insieme* di oggetti come un elenco di parole, le righe di un file o un elenco di numeri. Quando abbiamo un elenco di cose da ripetere, possiamo costruire un ciclo *definito* usando un'istruzione `for`. L'istruzione `while` genera un ciclo *indefinito* perché essa semplicemente si ripete fino a quando una o più condizioni diventano `False` mentre il ciclo `for` scorre un insieme noto di elementi in modo da ripetere tante iterazioni quanti gli elementi dell'insieme. La sintassi di un ciclo `for` è simile al ciclo `while`, in quanto esiste un'istruzione `for` e un blocco del ciclo:

```
friends = ['Joseph', 'Glenn', 'Sally']
for friend in friends:
    print('Happy New Year:', friend)
print('Done!')
```

Dal punto di vista di Python, la variabile `friends` è una lista ^ [Le liste verranno esaminate in modo più dettagliato in un capitolo successivo.] di tre stringhe e il ciclo `for` scorre attraverso l'elenco ed esegue il blocco una volta per ognuna di esse, generando questo output:

```
Happy New Year: Joseph
Happy New Year: Glenn
Happy New Year: Sally
Done!
```

La traduzione in inglese di questo ciclo `for` non è diretta come il `while`, ma se pensi agli amici come ad un *insieme*, funziona così: "Esegui le istruzioni nel corpo del ciclo `for` una volta per ogni amico (friend) *contenuto* nell'insieme chiamato amici (friends)." Mentre studi il ciclo `for` ricorda che *for* e *in* sono parole chiave Python riservate mentre `friend` e `friends` sono variabili.

```
for friend in friends:
    print('Happy New Year:', friend)
```

In particolare, `friend` è la *variabile di iterazione* per il ciclo `for`: la variabile `friend` cambia in ogni iterazione del ciclo e controlla quando il ciclo `for` terminerà. La *variabile di iterazione* scorre in successione le tre stringhe memorizzate nella variabile `friends`.

5.7   Schemi di ciclo

Spesso usiamo un ciclo `for` o `while` per scorrere un elenco di elementi o il contenuto di un file cercando qualcosa, come ad esempio, il valore più grande o più piccolo dei dati che stiamo scansionando. Questi cicli sono generalmente costruiti in questo modo:

- Inizializzazione di una o più variabili prima dell'inizio del ciclo;

- Esecuzione di alcuni calcoli su ciascun elemento nel blocco del ciclo, eventualmente modificando le variabili nel blocco del ciclo;

- Osservazione delle variabili risultanti al termine del ciclo.

Useremo un elenco di numeri per dimostrare i concetti e la costruzione di questi schemi di ciclo.

5.7.1   Cicli per contare e sommare

Ad esempio, per contare il numero di elementi in una lista, useremo il seguente ciclo `for`:

```
count = 0
for itervar in [3, 41, 12, 9, 74, 15]:
    count = count + 1
print('Count: ', count)
```

La variabile `count` viene impostata su zero prima dell'inizio del ciclo, ed il ciclo `for` scorre l'elenco dei numeri. La nostra variabile di *iterazione* si chiama `itervar` e sebbene non usiamo `itervar` nel ciclo, controlla il ciclo e fa sì che il corpo del ciclo sia eseguito una volta per ciascuno dei valori nella lista. Nel blocco del ciclo, aggiungiamo 1 al valore corrente di "count" per ciascuno dei valori dell'elenco. Mentre il ciclo è in esecuzione, il valore di "count" è il numero di valori che abbiamo visto "finora". Una volta ok, il valore finale di `count` è il numero totale di elementi. Costruiamo il ciclo in modo da ottenere ciò che vogliamo al termine del ciclo. Un altro ciclo simile che calcola la somma di un insieme di numeri è il seguente:

```
total = 0
for itervar in [3, 41, 12, 9, 74, 15]:
    total = total + itervar
print('Total: ', total)
```

Come puoi vedere, in questo ciclo abbiamo utilizzato la *variabile di iterazione*. Invece di aggiungere semplicemente uno a `count`, come nel ciclo precedente, aggiungiamo il valore effettivo (3, 41, 12, ecc.) al totale parziale durante ogni iterazione del ciclo. La variabile `total`, contiene pertanto il "totale parziale dei valori finora esaminati". Quindi, prima che inizi il primo ciclo, `total` è zero perché non abbiamo ancora esaminato alcun valore, durante il ciclo, `total` è il totale parziale, e alla fine del ciclo `total` è il totale complessivo di tutti i valori dell'elenco. Mentre il ciclo viene eseguito, `total` accumula la somma degli elementi. Una variabile usata in questo modo viene talvolta chiamata *accumulatore*.

Né il ciclo di conteggio né il ciclo di somma sono particolarmente utili nella pratica perché già esistono due funzioni `len ()` e `sum ()`, che calcolano rispettivamente il numero di elementi e il totale degli elementi dell'elenco.

5.7.2   Cicli di massimo e minimo

Per trovare il valore più grande in un elenco o in una sequenza, proviamo ad utilizzare il seguente script:

```
largest = None
print('Before:', largest)
for itervar in [3, 41, 12, 9, 74, 15]:
    if largest is None or itervar > largest :
        largest = itervar
    print('Loop:', itervar, largest)
print('Largest:', largest)
```

Quando il programma viene eseguito, verrà generato l'output seguente:

```
Before: None
Loop: 3 3
Loop: 41 41
Loop: 12 41
Loop: 9 41
Loop: 74 74
Loop: 15 74
Largest: 74
```

La variabile `largest` si può definire meglio come il "valore più grande che abbiamo visto finora". Prima del ciclo, diamo alla variabile `largest` il valore della costante `None`. `None` è una costante speciale che possiamo memorizzare in una variabile per contrassegnarla come "vuota". Prima dell'avvio del primo ciclo, il valore più grande che abbiamo visto finora è `None` poiché non abbiamo ancora inserito alcun valore. Mentre il ciclo è in esecuzione, se `largest` è `None`, il primo valore esaminato sarà il più grande fino a quel punto. Nella prima iterazione, quando il valore di `itervar` è

3, poiché `largest` è `None`, a questa variabile viene immediatamente dato il valore 3. Dopo la prima iterazione, `largest` non è più `None`, quindi viene valutata la seconda parte dell'espressione logica composta, `itervar > largest`, che si attiva solo quando osserviamo un valore maggiore del "più grande finora osservato". Se il valore di input è maggiore della variabile "largest", quest'ultima ne assumerà il valore. Puoi vedere nell'output del programma che `largest` progredisce da 3 a 41 a 74. Alla fine dello script, abbiamo scansionato tutti i valori e la variabile `largest` contiene il valore più grande dell'elenco. Per calcolare il numero più piccolo, il codice è molto simile, con una piccola modifica:

```
smallest = None
print('Before:', smallest)
for itervar in [3, 41, 12, 9, 74, 15]:
    if smallest is None or itervar < smallest:
        smallest = itervar
    print('Loop:', itervar, smallest)
print('Smallest:', smallest)
```

Di nuovo, il più piccolo è il "più piccolo finora", prima, durante e dopo l'esecuzione del ciclo. Al termine del ciclo, più piccolo contiene il valore minimo dell'elenco. Come per i due esempi precedenti, conteggio e somma, le funzioni integrate `max ()` e `min ()` rendono superflua la creazione di questi script. Quella che segue è una semplice versione della funzione `min ()` integrata in Python:

```
def min(values):
    smallest = None
    for value in values:
        if smallest is None or value < smallest:
            smallest = value
    return smallest
```

In questo script abbiamo rimosso tutte le istruzioni `print` in modo da renderlo equivalente alla funzione `min` di Python.

5.8 Debug

Quando iniziate a scrivere programmi più complessi, potresti investire più tempo per il debug. Più codice significa più possibilità di commettere errori e più spazio concesso agli errori per nascondersi.

Un modo per ridurre il tempo di debug è effettuare un "debug per bisezione". Ad esempio, se ci sono 100 righe nel tuo programma e le controlli una alla volta, ci vorranno 100 step. Prova invece ad analizzare il problema dal centro. Esamina la parte centrale del programma, o la sezione più vicina a questa, per trovare un valore intermedio da controllare. Aggiungi un'istruzione `print` (o qualcos'altro che abbia un output verificabile) ed esegui il programma. Se il valore di riferimento centrale non risulta corretto, il problema deve essere nella prima metà del programma. Se è corretto, il problema è probabilmente nella seconda metà. Ogni volta che esegui un controllo come questo, dimezzi il numero di righe da controllare. Dopo sei passaggi (che sono molto meno di 100), dovresti scendere a una o due righe di codice, almeno in teoria. Nella pratica non è sempre chiaro capire quale sia il "centro del programma" e non è sempre possibile controllarlo. Non ha senso contare le righe e trovare il punto centrale esatto. Pensa invece ai punti del programma in cui potrebbero esserci errori e dove sia più facile effettuare un controllo. Quindi scegli un punto in cui effettuare il controllo in modo che ci siano le stesse probabilità che l'errore si trovi nella precedente o successiva porzione di codice.

5.9   Glossario

Accumulatore Una variabile utilizzata in un ciclo per sommare o accumulare un risultato.

Contatore Una variabile utilizzata in un ciclo per contare il numero di volte in cui si è verificato qualcosa. Un contatore viene impostato su zero e quindi incrementato ogni volta che vogliamo "contare" qualcosa.

Decremento Un aggiornamento che riduce il valore di una variabile.

Inizializzare L'assegnazione che fornisce un valore iniziale a una variabile che verrà aggiornata.

Incremento Un aggiornamento che aumenta il valore di una variabile (spesso di uno).

Ciclo infinito Un ciclo in cui la condizione di fine non è mai soddisfatta o per il quale non esiste una tale condizione.

Iterazione Esecuzione ripetuta di un insieme di istruzioni utilizzando una funzione che evoca se stessa o un ciclo.

5.10   Esercizi

Esercizio 1: Scrivi un programma che legga ripetutamente i numeri fino a quando l'utente non digiti "finito". Una volta che viene digitato "finito", dovrà essere visualizzato il totale, il conteggio e la media dei numeri. Se l'utente dovesse digitare qualcosa di diverso da un numero, occorrerà rilevare l'errore usando `try` e `except`, visualizzare un messaggio di errore e passare al numero successivo.

```
Enter a number: 4
Enter a number: 5
Enter a number: bad data
Invalid input
Enter a number: 7
Enter a number: done
16 3 5.333333333333333
```

Esercizio 2: Scrivi un altro programma che richieda un elenco di numeri come nell'esercizio precedente e alla fine visualizzi sia il valore più grande sia quello più piccolo.

Capitolo 6

Stringhe

6.1 Una stringa è una sequenza

Una stringa è una *sequenza* di caratteri a cui puoi accedere, uno alla volta, con l'operatore parentesi quadre:

```
>>> fruit = 'banana'
>>> letter = fruit[1]
```

La seconda istruzione estrae il carattere nella posizione 1 dalla stringa contenuta nella variabile fruit e la assegna alla variabile letter. L'espressione tra parentesi è denominata *indice* e indica quale carattere della sequenza vogliamo (da cui il nome). Ma potrai non ottenere ciò che ti aspetti:

```
>>> print(letter)
a
```

Per la maggior parte delle persone, la prima lettera di "banana" è b, non a. Ma in Python, l'indice indica la posizione uno dall'inizio della stringa mentre la posizione della prima lettera è zero.

```
>>> letter = fruit[0]
>>> print(letter)
b
```

Quindi b è la lettera 0 ("zero") di "banana", a è la 1^ lettera ("prima"), e n è la 2^ lettera ("seconda") .

Potrai utilizzare qualsiasi espressione, comprese variabili e operatori, come indice, ma il valore dell'indice dovrà essere un numero intero. Altrimenti otterrai:

```
>>> letter = fruit[1.5]
TypeError: string indices must be integers
```

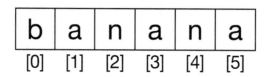

Figura 6.1: Indice di una stringa

6.2   Ottenere la lunghezza di una stringa usando len

len è una funzione che restituisce il numero di caratteri in una stringa:

```
>>> fruit = 'banana'
>>> len(fruit)
6
```

Per ottenere l'ultima lettera di una stringa, potresti essere tentato di provare qualcosa del genere:

```
>>> length = len(fruit)
>>> last = fruit[length]
IndexError: string index out of range
```

Il motivo del messaggio d'errore è che non vi è alcuna lettera in "banana" con l'indice 6. Considerato che abbiamo iniziato a contare da zero, le sei lettere sono numerate da 0 a 5. Per ottenere l'ultimo carattere, dovrai sottrarre 1 a length:

```
>>> last = fruit[length-1]
>>> print(last)
a
```

In alternativa, puoi usare indici negativi, che partono a contare dalla fine della stringa. L'espressione fruit [-1] ci darà l'ultima lettera, fruit [-2] ci darà la penultima, e così via.

6.3   Scorrere una stringa con un ciclo

Molti calcoli comportano l'elaborazione di un carattere alla volta di una stringa. Spesso cominciano dall'inizio, selezionano ciascun carattere a turno, fanno qualcosa e continuano fino alla fine. Questo modello di elaborazione è chiamato *traversale*. Un modo per codificare uno scorrimento consiste nell'utilizzare un ciclo while:

```
index = 0
while index < len(fruit):
    letter = fruit[index]
    print(letter)
    index = index + 1
```

Questo ciclo scorre la stringa e mostra una singola lettera su una riga separata. La condizione del ciclo è `index < len(fruit)`, quindi quando `index` è uguale alla lunghezza della stringa, la condizione è falsa e il corpo del ciclo non viene più eseguito. L'ultimo carattere a cui si accede è quello con l'indice uguale a `len(fruit)-1`, che è l'ultimo carattere nella stringa.

Esercizio 1: Scrivi un ciclo `while` che inizi dall'ultimo carattere della stringa e proceda fino al primo carattere della stringa, visualizzando ogni lettera su una riga separata, tranne che all'indietro.

Un altro modo per scrivere uno scorrimento è con un ciclo `for`:

```
for char in fruit:
    print(char)
```

Ogni volta che viene eseguito il ciclo, viene assegnato alla variabile `char` il carattere successivo nella stringa. Il ciclo si ripete fino a quando non rimane alcun carattere.

6.4 Segmenti di stringhe

Il segmento di una stringa è chiamato *slice*. La selezione di un segmento è simile alla selezione di un carattere:

```
>>> s = 'Monty Python'
>>> print(s[0:5])
Monty
>>> print(s[6:12])
Python
```

L'operatore restituisce la parte della stringa dal carattere indicato con il primo indice (incluso) al carattere indicato con il secondo indice (escluso). Se si omette il primo parametro (prima dei due punti), il segmento parte dall'inizio della stringa. Se invece si omette il secondo, il segmento arriva alla fine della stringa:

```
>>> fruit = 'banana'
>>> fruit[:3]
'ban'
>>> fruit[3:]
'ana'
```

Se il primo parametro è maggiore o uguale al secondo, otterrai una *stringa vuota*, rappresentata da due virgolette:

```
>>> fruit = 'banana'
>>> fruit[3:3]
''
```

Una stringa vuota è uguale a qualsiasi altra stringa nonostante non contenga caratteri ed abbia lunghezza pari a 0.

Esercizio 2: Dato che `fruit` è una stringa, cosa significa `fruit[:]`?

6.5   Le stringhe sono immutabili

Potresti essere tentato di utilizzare l'operatore sul lato sinistro di un'assegnazione con l'intenzione di cambiare un carattere in una stringa. Per esempio:

```
>>> greeting = 'Hello, world!'
>>> greeting[0] = 'J'
TypeError: 'str' object does not support item assignment
```

L'"object" in questione è la stringa e l'"item" è il carattere che avete provato ad assegnare. Per ora, un *oggetto* coincide con un valore, ma perfezioneremo questa definizione più avanti. Un *elemento* è uno dei valori di una sequenza.

Il motivo dell'errore è che le stringhe sono *immutabili*, cioè non è possibile modificare una stringa esistente. La cosa migliore che puoi fare è creare una nuova stringa che sia una variante dell'originale:

```
>>> greeting = 'Hello, world!'
>>> new_greeting = 'J' + greeting[1:]
>>> print(new_greeting)
Jello, world!
```

Questo esempio concatena una nuova lettera su un segmento di `greeting` senza avere alcun effetto sulla stringa originale.

6.6   Cicli e conteggi

Il seguente programma conta il numero di volte in cui la lettera **a** si ripete in una stringa:

```
word = 'banana'
count = 0
for letter in word:
    if letter == 'a':
        count = count + 1
print(count)
```

Questo programma dimostra un altro schema denominato *contatore*. La variabile `count` è inizializzata a 0 e viene poi incrementata ogni volta che viene rilevata una **a**. Quando il ciclo termina, `count` conterrà il risultato: il numero totale di **a** nella stringa analizzata.

Esercizio 3: Incorpora questo codice in una funzione chiamata "count" e rendila in grado di accettare stringhe e lettere come argomenti.

6.7 L'operatore in

La parola in è un operatore booleano che prende due stringhe e restituisce True se la prima è contenuta nella seconda:

```
>>> 'a' in 'banana'
True
>>> 'seed' in 'banana'
False
```

6.8 Comparazione di stringhe

Gli operatori di comparazione funzionano anche sulle stringhe. Per verificare se due stringhe sono uguali puoi usare questo script:

```
if word == 'banana':
    print('All right, bananas.')
```

Altre operazioni di comparazione sono utili per mettere delle parole in ordine alfabetico:

```
if word < 'banana':
    print('Your word,' + word + ', comes before banana.')
elif word > 'banana':
    print('Your word,' + word + ', comes after banana.')
else:
    print('All right, bananas.')
```

Python non gestisce le lettere maiuscole e minuscole nello stesso modo in cui fanno le persone: tutte le lettere maiuscole vengono prima delle lettere minuscole, quindi:

```
Your word, Pineapple, comes before banana.
```

Un modo comune per risolvere questo problema è convertire le stringhe in un formato standard, ad esempio tutto il testo in minuscolo, prima di eseguire la comparazione. Tienilo a mente se mai dovessi difenderti da un uomo armato di Ananas.

6.9 Metodi delle stringhe

Le stringhe sono un esempio di *oggetti* Python. Un oggetto contiene sia i dati (la stringa vera e propria) che i *metodi*, che essenzialmente sono funzioni incorporate nell'oggetto e sono disponibili per qualsiasi *istanza* dell'oggetto. Tramite due funzioni hai la possibilità di conoscere la tipologia di un oggetto ed i metodi ad esso associati. La funzione type mostra il tipo di oggetto e la funzione dir mostra i metodi disponibili.

```
>>> stuff = 'Hello world'
>>> type(stuff)
<class 'str'>
>>> dir(stuff)
['capitalize', 'casefold', 'center', 'count', 'encode',
'endswith', 'expandtabs', 'find', 'format', 'format_map',
'index', 'isalnum', 'isalpha', 'isdecimal', 'isdigit',
'isidentifier', 'islower', 'isnumeric', 'isprintable',
'isspace', 'istitle', 'isupper', 'join', 'ljust', 'lower',
'lstrip', 'maketrans', 'partition', 'replace', 'rfind',
'rindex', 'rjust', 'rpartition', 'rsplit', 'rstrip',
'split', 'splitlines', 'startswith', 'strip', 'swapcase',
'title', 'translate', 'upper', 'zfill']
>>> help(str.capitalize)
Help on method_descriptor:

capitalize(...)
    S.capitalize() -> str

    Return a capitalized version of S, i.e. make the first character
    have upper case and the rest lower case.
>>>
```

Ti ho scritto che tramite la funzione **dir** otterrai un elenco di metodi, di cui, tramite la funzione **help** puoi ottenere una semplice documentazione; esiste però una migliore fonte di documentazione riguardo i metodi: https://docs.python.org /3.5/library/stdtypes.html#string-methods.

Chiamare un *metodo* è simile al chiamare una funzione, cioè riceve argomenti e restituisce un valore, con una sintassi diversa. Chiamiamo un metodo facendo precedere il nome a quello della variabile usando un punto come delimitatore.

Ad esempio, il metodo **upper** prende una stringa in input e restituisce una nuova stringa con tutte le lettere maiuscole:

Non va utilizzata la sintassi **upper(word)**, ma piuttosto **word.upper()**.

```
>>> word = 'banana'
>>> new_word = word.upper()
>>> print(new_word)
BANANA
```

Questa forma di notazione con il punto specifica il nome del metodo (**upper**) e il nome della stringa (**word**) a cui applicare il metodo. Le parentesi vuote indicano che questo metodo non accetta argomenti.

La chiamata di un metodo è chiamata *invocazione*: nel caso precedente diremo che stiamo invocando **upper** sulla stringa **word**.

Ad esempio, esiste un metodo per le stringhe chiamato "find" che cerca l'eventuale posizione di una stringa o segmento all'interno di un'altra:

```
>>> word = 'banana'
>>> index = word.find('a')
```

```
>>> print(index)
1
```

In questo esempio, hai invocato **find** su **word** e passato come parametro la lettera che stiamo cercando. Il metodo **find** può cercare sia segmenti di stringhe sia caratteri:

```
>>> word.find('na')
2
```

Questa funzione può ricevere, come secondo argomento, l'indice da cui dovrebbe iniziare la ricerca:

```
>>> word.find('na', 3)
4
```

Un'altra operazione comune è il rimuovere lo spazio bianco (spazi, tabulazioni o newline) dall'inizio e dalla fine di una stringa usando il metodo **strip**:

```
>>> line = '  Here we go  '
>>> line.strip()
'Here we go'
```

Alcuni metodi, come *startswith*, restituiscono valori booleani:

```
>>> line = 'Have a nice day'
>>> line.startswith('Have')
True
>>> line.startswith('h')
False
```

Noterai che **startswith** richiede che ci sia un'esatta corrispondenza tra lettere maiuscole e minuscole. Può quindi tornare utile prendere una stringa e convertirla tutta in minuscolo tramite il metodo **lower**.

```
>>> line = 'Have a nice day'
>>> line.startswith('h')
False
>>> line.lower()
'have a nice day'
>>> line.lower().startswith('h')
True
```

Nell'ultimo esempio, viene chiamato il metodo **lower** e quindi **startswith** per vedere se la stringa risultante inizia con la lettera "h". Finché facciamo attenzione all'ordine, possiamo effettuare più chiamate diverse in una singola espressione.

Esercizio 4: esiste un metodo per le stringhe chiamato **count** simile alla funzione dell'esercizio precedente.

Leggi la documentazione di questo metodo su https://docs.python.org/3.5/librar y/stdtypes.html#string-methods e scrivi uno script che conti il numero di volte in cui la lettera **a** appare nella stringa "banana".

6.10   Analisi delle stringhe

Spesso, vogliamo esaminare una stringa e trovare un segmento specifico. Per esempio, se ci venisse presentata una serie di linee formattate come segue:

```
From stephen.marquard@uct.ac.za Sat Jan 5 09:14:16 2008
```

e volessimo estrarre solo la seconda metà dell'indirizzo (ad es., `uct.ac.za`) da ogni riga, ci verrà in aiuto il metodo `find` e la segmentazione delle stringhe.

In primo luogo, dobbiamo trovare la posizione del simbolo chiocciola (@) nella stringa. Quindi individuiamo la posizione del primo spazio vuoto *dopo* lo stesso. Infine usiamo la segmentazione delle stringhe per estrarre la porzione della stringa che stiamo cercando.

```
>>> data = 'From stephen.marquard@uct.ac.za Sat Jan  5 09:14:16 2008'
>>> atpos = data.find('@')
>>> print(atpos)
21
>>> sppos = data.find(' ',atpos)
>>> print(sppos)
31
>>> host = data[atpos+1:sppos]
>>> print(host)
uct.ac.za
>>>
```

Usiamo una applicazione del metodo `find` che ci permette di specificare la posizione nella stringa da cui vogliamo che `find` inizi a guardare. Dividiamo, estraiamo i caratteri dalla posizione successiva al simbolo chiocciola fino a quello che precede lo spazio vuoto *escluso*.

La documentazione per `find` è disponibile all'indirizzo https://docs.python.org/3.5/library/stdtypes.html#string-methods.

6.11   Operatore di formato

L'*operatore di formato* (%) ci consente di costruire stringhe, sostituendo parti di esse con i dati memorizzati nelle variabili. Se applicato a numeri interi, % rappresenta l'operatore modulo, se invece il primo operando è una stringa, % rappresenta l'operatore di formato.

Il primo operando è detto *stringa di formato*, che contiene una o più *sequenze di formato* che specificano il formato del secondo operando. Il risultato è una stringa.

Ad esempio, la sequenza di formato "%d" significa che il secondo operando dovrebbe essere nel formato di numero intero (`d` sta per "in base decimale"):

```
>>> camels = 42
>>> '%d' % camels
'42'
```

Il risultato è la stringa "42" che non deve essere confusa con il numero intero 42. Una sequenza di formato può comparire in qualsiasi punto della stringa, pertanto ti è possibile inserire un valore in una frase:

```
>>> camels = 42
>>> 'I have spotted %d camels.' % camels
'I have spotted 42 camels.'
```

Se in una stringa c'è più di una sequenza, il secondo operando deve essere una tupla ^ [Una tupla è una sequenza di valori separati da virgole all'interno di una coppia di parentesi. Tratteremo le tuple nel Capitolo 10]. Ogni sequenza di formato corrisponde a un elemento della tupla, nell'ordine indicato. Nell'esempio seguente viene utilizzato "%d" per formattare un numero intero, "%g" per formattare un decimale a virgola mobile (non chiedetemi perché) e "%s" per formattare una stringa:

```
>>> 'In %d years I have spotted %g %s.' % (3, 0.1, 'camels')
'In 3 years I have spotted 0.1 camels.'
```

Il numero e il tipo degli elementi nella tupla devono corrispondere al numero e al tipo di sequenze di formato indicate:

```
>>> '%d %d %d' % (1, 2)
TypeError: not enough arguments for format string
>>> '%d' % 'dollars'
TypeError: %d format: a number is required, not str
```

Nel primo esempio non sono presenti abbastanza elementi. Nel secondo l'elemento è del tipo sbagliato. L'operatore di formattazione è potente, ma può essere difficile da usare. Puoi leggere informazioni più dettagliate su https://docs.python.org/3. 5/library/stdtypes.html#printf-style-string-formatting.

6.12 Debug

Un talento che dovresti coltivare mentre programmi è il chiederti sempre: "Cosa potrebbe andare storto qui?" o in alternativa "Quale imprevedibile cosa potrebbe essere fatta dal nostro utente per mandare in crash il mio programma (apparentemente) perfetto?". Ad esempio, guarda il programma che ti ho mostrato per dimostrare il ciclo `while` nel capitolo sull'iterazione:

```python
while True:
    line = input('> ')
    if line[0] == '#':
        continue
    if line == 'done':
        break
    print(line)
print('Done!')
```

```
# Code: http://www.py4e.com/code3/copytildone2.py
```

Guarda cosa succede quando l'utente inserisce una riga vuota:

```
> hello there
hello there
> # don't print this
> print this!
print this!
>
Traceback (most recent call last):
  File "copytildone.py", line 3, in <module>
    if line[0] == '#':
IndexError: string index out of range
```

Il codice funziona bene finché non viene inserita una riga vuota. Quindi non essendo
presente un carattere nella posizione zero, viene visualizzato un traceback. Ci sono
due soluzioni per rendere la riga tre "sicura" anche se la riga è vuota. La prima
è semplicemente usare il metodo **startswith** che restituirà **False** se la stringa è
vuota.

```
    if line.startswith('#'):
```

Un altra soluzione è l'utilizzo precauzionale dell'istruzione **if** adottando lo schema
del *guardiano* per assicurarsi che la seconda espressione logica sia valutata solo se
è presente almeno un carattere nella stringa:

```
    if len(line) > 0 and line[0] == '#':
```

6.13   Glossario

Contatore Una variabile utilizzata per contare qualcosa; è solitamente inizializzata a zero e poi incrementata.

Stringa vuota Una stringa senza caratteri e con lunghezza pari a 0, rappresentata da due virgolette.

Operatore di formato Un operatore % che riceve una stringa di formato e una tupla e genera una stringa che include gli elementi della tupla formattata come specificato dalla stringa di formato.

Sequenza di formato Una sequenza di caratteri in una stringa di formato (es. %d) che specifica come deve essere formattato un dato.

Stringa di formato Una stringa utilizzata con l'operatore di formattazione che contiene sequenze di formato.

Flag Una variabile booleana utilizzata per indicare se una condizione è vera o falsa.

Invocazione Un'istruzione che serve per chiamare un metodo.

Immutabile La proprietà della sequenza i cui elementi non possono essere alterati.

Indice Un valore intero utilizzato per selezionare un elemento in una sequenza, ad esempio un carattere in una stringa.

Item Uno dei valori in una sequenza.

Metodo Una funzione associata a un oggetto e chiamata utilizzando la notazione punto.

Oggetto Qualcosa a cui può riferirsi una variabile. Per ora, puoi usare "oggetto" e "valore" in modo intercambiabile.

Ricerca Uno sistema di scorrimento che si ferma quando trova ciò che sta cercando.

Sequenza Un insieme ordinato ovvero un insieme di valori in cui ogni valore è identificato da un indice intero.

Segmento Parte di una stringa specificata da un intervallo di indici.

Traverse Scorrere gli elementi di una sequenza, eseguendo un'operazione simile su ognuno.

6.14 Esercizi

Esercizio 5: prendi il seguente codice Python contenente una stringa: `str = 'X-DSPAM-Confidence:0.8475`

Usa `find` e la segmentazione delle stringhe per estrarre la porzione di stringa dopo il carattere ":" e utilizza la funzione `float` per convertire la stringa estratta in un numero a virgola mobile.

Esercizio 6: leggi la documentazione dei metodi di stringa su https://docs.pyt hon.org/3.5/library/stdtypes.html#string-methods Potrebbe essere il caso di fare degli esperimenti con alcuni di essi per assicurarti di aver capito come funzionano. `strip` e `replace` sono particolarmente utili.

La documentazione utilizza una sintassi che potrebbe essere fonte di confusione. Ad esempio, in `find(sub[, start[, end]])`, le parentesi indicano argomenti opzionali. In altre parole `sub` è necessario, `start` è facoltativo ma nel caso tu lo inserisca, allora `end` diventa opzionale.

Capitolo 7

File

7.1 Persistenza

Finora, abbiamo imparato come scrivere programmi e comunicare le nostre intenzioni all'*unità di elaborazione centrale* usando l'esecuzione condizionale, le funzioni e le iterazioni. Abbiamo anche imparato come creare e utilizzare strutture di dati nella *memoria principale*. La CPU e la memoria RAM sono i luoghi dove il nostro software lavora e funziona. È dove si forma tutto il "pensiero". Ma se ricordate le nostre discussioni sull'architettura hardware, una volta che l'alimentazione viene tolta, qualsiasi cosa memorizzata nella CPU o nella memoria principale viene cancellata. Praticamente, i nostri programmi sono stati solo fugaci esercizi divertenti per imparare Python.

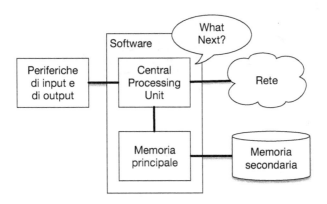

Figura 7.1: Memoria secondaria

In questo capitolo, iniziamo a lavorare con i file nella *Memoria Secondaria* che, come scritto, non viene cancellata quando si spegne il pc e, nel caso di utilizzo di un'unità flash USB, consente di rimuovere dal sistema i dati prodotti dai nostri script e trasportarli su un altro sistema. Ci concentreremo principalmente sulla lettura e la scrittura di file di testo simile a quelli che creiamo in un editor di testo. Più avanti vedremo come lavorare con i file di database che sono file binari, progettati specificamente per essere letti e scritti tramite programmi di database.

7.2   Aprire i file

Quando vogliamo leggere o scrivere un file (ad esempio sul disco rigido), dobbiamo prima *aprire* il file. Quando apri un file, chiedi al sistema operativo di trovare il file di cui hai fornito il nome e di assicurarsi che esista. Nell'esempio seguente, apriremo il file `mbox.txt`, che dovrebbe essere memorizzato nella stessa cartella da cui avvii Python.

Puoi scaricare questo file da www.py4e.com/code3/mbox.txt

```
>>> fhand = open ('mbox.txt')
>>> print(fhand)
<_io.TextIOWrapper name = 'mbox.txt' mode = 'r' encoding = 'cp1252'>
```

Se l'operazione `Open` ha successo, il sistema operativo ci restituisce un *file handle*. L'handle del file non rappresenta il dato reale contenuto nel file, ma piuttosto un "gestore" che possiamo usare per leggere i dati. Viene fornito un gestore (handle) che indica che il file richiesto esiste e si dispone delle autorizzazioni appropriate per leggere il file.

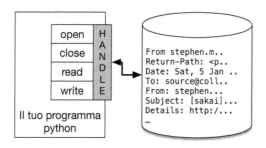

Figura 7.2: Gestore (handler) di un file

Se il file non esiste, `open` fallirà visualizzando un traceback e verrà fornito alcun handle che permetta di accedere ai contenuti del file:

```
>>> fhand = open ('stuff.txt')
Traceback (most recent call last) :
 File "<stdin>", riga 1, in <module>
FileNotFoundError: [Errno 2] No such file or directory: 'stuff.txt'
```

Successivamente useremo `try` e `except` per gestire con più eleganza la situazione in cui si prova ad aprire un file che non esiste.

7.3 File di testo e righe

Un file di testo può essere pensato come una sequenza di righe, proprio come una stringa Python può essere vista come una sequenza di caratteri. Ad esempio, questo è un file di testo dimostrativo che registra l'attività di posta di vari appartenenti di un team di sviluppo di progetti open source:

```
From stephen.marquard@uct.ac.za Sab 5 gen 09:14:16 2008
Return-Path: <postmaster@collab.sakaiproject.org>
Date: Sat, 5 Jan 2008 09:12:18 -0500
To: source@collab.sakaiproject.org
From: stephen.marquard@uct.ac.za
Subject: [sakai] svn commit: r39772 - content / branches /
Details: http: //source.sakaiproject.org/viewsvn/? view = rev & rev
= 39772
...
```

L'intero file di interazioni di posta è disponibile su

www.py4e.com/code3/mbox.txt

e una versione ridotta del file è disponibile su

www.py4e.com/code3/mbox-short.txt

Questi file sono strutturati in un formato standard per file contenenti più messaggi di posta. Le righe che iniziano con "From" separano i messaggi e le righe che iniziano con "From:" fanno parte dei messaggi. Per ulteriori informazioni sul formato mbox, consulta:

en.wikipedia.org/wiki/Mbox.

Per suddividere il file in righe, c'è un carattere speciale che rappresenta la "fine della riga" chiamato carattere *newline*.

In Python, il carattere *newline* viene rappresentato con backslash-n (\n) tra le costanti di stringa. Anche se sembra essere composto da due caratteri, è in realtà un singolo carattere. Prendi in considerazione il seguente listato. Il contenuto che stiamo inserendo nella variabile "stuff" nell'interprete, ci mostra che la stringa contiene i caratteri \\n. Quando però la stampiamo tramite il comando `print`, puoi notare che la stringa viene mostrata su due righe, spezzata nel punto dove è presente newline.

```
>>> stuff = 'Hello\nWorld!'
>>> stuff
'Hello\nWorld!'
>>> print(stuff)
Hello
World!
>>> stuff = 'X\nY'
>>> print(stuff)
X
Y
>>> len(stuff)
3
```

Nota che nel secondo caso la lunghezza della stringa X\nY è di *tre* caratteri perché
il carattere newline conta come un singolo carattere. Quindi, quando guardiamo
le linee in un file, dobbiamo *immaginare* che ci sia uno speciale carattere invisibile
chiamato newline alla fine di ogni riga che indica la fine della riga. Quindi il
carattere newline divide i caratteri del file in righe.

7.4   Lettura dei file

Mentre il *file handle* non contiene i dati per il file, è abbastanza semplice costruire
un ciclo for per leggere e contare ciascuna delle righe in un file:

```
fhand = open('mbox-short.txt')
count = 0
for line in fhand:
    count = count + 1
print('Line Count:', count)

# Code: http://www.py4e.com/code3/open.py
```

Possiamo usare il *file handle* come sequenza per il ciclo for che, in questo caso, ne
trova e visualizza semplicemente il numero di righe . La traduzione approssimativa
del ciclo for in italiano è, "per ogni riga nel file indicato dal *file handle*, aggiungi
uno alla variabile count." La ragione per cui la funzione open non legge subito
l'intero file è perchè potrebbe essere di notevoli dimensioni e contenere molti gigabyte di dati. L'istruzione open richiede lo stesso tempo indipendentemente dalla
dimensione del file. Il ciclo for effettivamente fa in modo che vengano letti i dati
contenuti nel file.

Quando il file viene letto utilizzando un ciclo for, Python si occupa di suddividere
i dati in righe separate usando il carattere newline. Python legge ogni riga fino al
carattere newline e lo include come ultimo carattere nella variabile line in ogni
iterazione del ciclo for.

Poiché il ciclo for prende in considerazione i dati una riga alla volta, può leggere e contare efficientemente le righe in file di grandi dimensioni senza esaurire la
memoria principale. Lo script precedente può contare le righe in file di qualsiasi
dimensione utilizzando pochissima memoria dato che ogni riga, dopo essere stata
letta e "contata" , viene subito dopo scartata. Se il file è relativamente piccolo rispetto alla dimensione della memoria principale, puoi leggere l'intero file in
un'unica stringa applicando il metodo read sul *file handle*:

```
>>> fhand = open('mbox-short.txt')
>>> inp = fhand.read()
>>> print(len(inp))
94626
>>> print(inp[:20])
From stephen.marquar
```

In questo esempio, l'intero contenuto del file mbox-short.txt (tutti i 94.626 caratteri) viene letto direttamente nella variabile inp. Usiamo il taglio delle stringhe
per stampare i primi 20 caratteri dei dati di stringa memorizzati in inp.

Quando il file viene letto in questo modo, tutti i caratteri, inclusi tutte le righe
e i caratteri newline, vengono considerati come una grande stringa nella variabile
inp. Ricorda che questa applicazione della funzione **open** dovrebbe essere usata
solo se i dati del file "entrano" comodamente nella memoria principale del vostro
computer.

Se il file è troppo grande per adattarsi alla memoria principale, dovresti scrivere il
tuo programma per leggere il file in blocchi utilizzando un ciclo **for** o **while**.

7.5   Ricerche in un file

Quando si cercano dei dati in un file è molto comune leggere un file ignorando la
maggior parte delle righe analizzando solo quelle che soddisfano una particolare
condizione. Possiamo combinare il modello per la lettura di un file con i metodi
per le stringhe per costruire i primi semplici meccanismi di ricerca.

Ad esempio, se volessimo leggere un file e stampare solo le righe che iniziano
con il prefisso "From:", potremmo usare il metodo per le stringhe *startswith* per
selezionare solo le righe con il prefisso desiderato:

```
fhand = open('mbox-short.txt')
count = 0
for line in fhand:
    if line.startswith('From:'):
        print(line)
```

```
# Code: http://www.py4e.com/code3/search1.py
```

Quando questo programma viene eseguito viene visualizzato il seguente output:

```
From: stephen.marquard@uct.ac.za

From: louis@media.berkeley.edu

From: zqian@umich.edu

From: rjlowe@iupui.edu

...
```

L'output sembra ottimo dato che le uniche righe che stiamo visualizzando sono
quelle che iniziano con "From:". Perché allora stiamo vedendo delle righe vuote in
più? Ciò è dovuto al carattere invisibile *newline*.

Ognuna delle righe termina con il carattere newline. L'istruzione **print** visualizza
la stringa nella variabile *line* che include una riga e quindi **print** visualizza *un'altra*
nuova riga, ottenendo l'effetto di doppia spaziatura che vediamo. Potremmo usare
il taglio delle stringhe per visualizzare tutto tranne l'ultimo carattere, ma c'è un
approccio più semplice: usare il metodo *rstrip* per rimuovere gli spazi bianchi dal
lato destro di una stringa, come nell'esempio seguente:

```
fhand = open('mbox-short.txt')
for line in fhand:
    line = line.rstrip()
    if line.startswith('From:'):
        print(line)
```

```
# Code: http://www.py4e.com/code3/search2.py
```

Quando eseguirai questo programma, otterrai il seguente output:

```
From: stephen.marquard@uct.ac.za
From: louis@media.berkeley.edu
From: zqian@umich.edu
From: rjlowe@iupui.edu
From: zqian@umich.edu
From: rjlowe@iupui.edu
From: cwen@iupui.edu
...
```

Man mano che i tuoi script di gestione dei file diventano più complessi, potresti voler strutturare i cicli di ricerca utilizzando **continue**. L'idea di base del ciclo di ricerca è che stai cercando le righe "interessanti" e ignorando quelle "non interessanti"; inoltre, quando trovi una riga interessante, che tu voglia farci qualcosa. Potresti strutturare questo tipo di ciclo come nell'esempio seguente:

```
fhand = open('mbox-short.txt')
for line in fhand:
    line = line.rstrip()
    # Skip 'uninteresting lines'
    if not line.startswith('From:'):
        continue
    # Process our 'interesting' line
    print(line)
```

```
# Code: http://www.py4e.com/code3/search3.py
```

L'output del programma è lo stesso. In altre parole, le righe non interessanti sono quelle che non iniziano con "From:", che vengono saltate usando **continue**. L'elaborazione verrà riservata alle righe "interessanti" (cioè quelle che iniziano con "From:").

Possiamo usare il metodo **find** per simulare una ricerca simile a quella di un editor di testo che trova le righe che contengono la stringa ricercata.

Dato che **find** cerca una stringa all'interno di un'altra e ne restituisce o la posizione o -1 se la stringa non è presente, possiamo scrivere il ciclo seguente per visualizzare le righe che contengono la stringa "@uct.ac.za"(cioè, le email che provengono dall'università di Cape Town in Sud Africa):

```
fhand = open('mbox-short.txt')
for line in fhand:
```

```
    line = line.rstrip()
    if line.find('@uct.ac.za') == -1: continue
    print(line)
```

```
# Code: http://www.py4e.com/code3/search4.py
```

Che produce il seguente output:

```
From stephen.marquard@uct.ac.za Sat Jan 5 09:14:16 2008
X-Authentication-Warning: set sender to stephen.marquard@uct.ac.za using -f
From: stephen. marquard@uct.ac.za
Author: stephen.marquard@uct.ac.za
From david.horwitz@uct.ac.za Fri Jan 4 07:02:32 2008
X-Authentication-Warning: set sender to david.horwitz@uct.ac.za using -f
From: david.horwitz@uct.ac.za
Author: david.horwitz@uct.ac.za ...
```

7.6   Far scegliere all'utente il nome del file

Non è il caso di modificare il nostro codice Python ogni volta che vogliamo elaborare un file diverso: è più utile chiedere all'utente di inserire il nome del file ogni volta che il programma viene eseguito. In questo modo è possibile usare il nostro programma su file diversi senza modificare continuamente il codice.

È una modifica abbastanza semplice da implementare: l'utente potrà inserire il nome del file utilizzando la funzione **input**:

```
fname = input('Enter the file name: ')
fhand = open(fname)
count = 0
for line in fhand:
    if line.startswith('Subject:'):
        count = count + 1
print('There were', count, 'subject lines in', fname)
```

```
# Code: http://www.py4e.com/code3/search6.py
```

Il nome del file inserito dall'utente viene salvato nella variabile **fname** e successivamente aperto. Ora è possibile eseguire il programma su file diversi senza alterarne continuamente il codice.

```
python search6.py
Enter the file name: mbox.txt
There were 1797 subject lines in mbox.txt

python search6.py
Enter the file name: mbox-short.txt
There were 27 subject lines in mbox-short.txt
```

Prima di sbirciare la prossima sezione, dai un'occhiata al programma precedente e prova a chiederti: "Che cosa potrebbe andare storto?" o "Che cosa potrebbe fare il nostro amato utente per far sì che il nostro piccolo programma si blocchi visualizzando un traceback, facendoti sembrare non proprio brillante agli occhi dei tuoi utenti?"

7.7   Utilizzare `try`, `except` e `open`

Ti ho scritto di non sbirciare. Questa è la tua ultima possibilità.

Cosa succede se il nostro utente digita qualcosa che non è il nome di un file?

```
python search6.py
Enter the file name: missing.txt
Traceback (most recent call last):
 File "search6.py", line 2, in <module>
   fhand = open (fname)
FileNotFoundError: [Errno 2] No such file or directory: 'missing.txt'

python search6.py
Enter the file name: na na boo boo
Traceback (most recent call last):
 file "search6.py", riga 2, in <module>
   fhand = open (fname)
FileNotFoundError: [Errno 2] No such file or directory : 'na na boo boo'
```

Non ridere. Gli utenti faranno tutto quello che possono, di proposito o con intenzioni malevole, per violare i programmi. In effetti, un componente importante di qualsiasi team di sviluppo software è la persona o il gruppo chiamato *Quality Assurance* (o QA in breve) il cui compito è quello di fare le cose più folli possibili nel tentativo di violare il software che hanno creato.

Il team addetto al controllo qualità è responsabile della ricerca dei difetti nei programmi prima di consegnarli agli utenti finali che potrebbero acquistare il software o pagare il nostro stipendio per sviluppare software. Quindi, anche se non sembra, la squadra di controllo qualità è la migliore amica dello sviluppatore.

Tornando al nostro script, una volta individuato il difetto nel programma, possiamo sistemarlo elegantemente usando la struttura `try/except`: dobbiamo supporre che la chiamata `open` potrebbe fallire e aggiungere del codice come nell'esempio seguente:

```
fname = input('Enter the file name: ')
try:
    fhand = open(fname)
except:
    print('File cannot be opened:', fname)
    exit()
count = 0
for line in fhand:
    if line.startswith('Subject:'):
```

```
        count = count + 1
print('There were', count, 'subject lines in', fname)
```

```
# Code: http://www.py4e.com/code3/search7.py
```

La funzione **exit** termina immediatamente il programma. È una funzione che possiamo definire non reversibile. Ora, quando il nostro utente (o il team controllo qualità) digita un nome incompleto o errato, li "intercettiamo" e recuperiamo con eleganza:

```
python search7.py
Inserisci il nome del file: mbox.txt
There were 1797 subject lines in mbox.txt
```

```
python search7. py
Immettere il nome del file: na na boo boo
File cannot be opened: na na boo boo
```

Proteggere la chiamata **open** è un buon esempio dell'uso corretto di **try** e **except** in un programma Python. Usiamo il termine "Pythonic" quando stiamo facendo qualcosa che rientri nella "filosofia di Python". Potremmo dire che l'esempio sopra è il modo Pythonic di aprire un file.

Una volta che diventerai più abile in Python, potresti trovarti invischiato in una discussione con altri programmatori Python per decidere quale possa essere, tra due soluzioni equivalenti a un problema, quella "più Pythonic".

L'obiettivo di essere "più Pythonic" cattura l'idea che la programmazione sia in parte ingegneria e in parte arte. Non siamo interessati solo a far funzionare qualcosa, vogliamo anche che la nostra soluzione sia elegante e apprezzata dai nostri pari.

7.8 Scrivere file

Per scrivere all'interno di un file, devi aprirlo inserendo "w" come secondo parametro:

```
>>> fout = open ('output.txt', 'w')
>>> print (fout)
<_io.TextIOWrapper name = 'output.txt' mode = 'w' encoding = 'cp1252'>
```

Aprendo in modalità di scrittura un file che già esiste ne cancellerai i dati già presenti e lo avvierai nuovamente, quindi fai attenzione! Se invece il file non esiste, ne viene creato uno nuovo.

Il **write** applicato al file handle dell'oggetto permette di salvare i dati nel file, restituendo il numero di caratteri scritti.

La modalità di scrittura predefinita per scrivere (e leggere) stringhe, è testo.

```
>>> line1 = "These here's the wattle,\n"
>>> fout.write (line1)
24
```

Di nuovo, l'oggetto file tiene traccia di dove si trova, quindi se chiami nuovamente
`write`, i nuovi dati verranno aggiunti alla fine del file.

Dobbiamo assicurarci di gestire le estremità delle righe mentre scriviamo nel file
inserendo esplicitamente il carattere newline quando vogliamo terminare una riga.
L'istruzione `print` aggiunge automaticamente una nuova riga, ma il metodo `write`
non inserisce automaticamente un carattere newline.

```
>>> line2 = 'the emblem of our land.\n'
>>> fout.write (line2)
24
```

Quando hai finito di scrivere, devi chiudere il file per assicurarti che l'ultimo bit
di dati venga effettivamente scritto sul disco in modo che non vada perso se si
interrompe l'alimentazione.

```
>>> fout.close ()
```

Potremmo chiudere i file che apriamo anche per leggerli, ma possiamo essere un
po' approssimativi se apriamo solo alcuni file dato che Python si assicura che tutti
i file aperti vengano chiusi quando il programma termina . Quando scriviamo dei
file, vogliamo chiudere esplicitamente i file in modo da non lasciare nulla al caso.

7.9   Debug

Quando leggi e scrivi il contenuto di file, potresti incontrare dei problemi con gli
spazi bianchi. Questi errori possono essere difficili da risolvere perché gli spazi, le
schede e gli a capo sono normalmente invisibili:

```
>>> s = '1 2\t 3\n 4'
>>> print (s)
1 2   3
 4
```

In questi casi la funzione integrata `repr` può tornarti utile. Prende qualsiasi oggetto
come argomento e restituisce lo stesso oggetto sotto forma di stringa. Per quanto
riguarda le stringhe, i caratteri di spaziatura vengono rappresentati con sequenze
di backslash:

```
>>> print(repr(s))
'1 2\t 3\n 4'
```

Ciò può essere utile per il debug.

Un altro problema che potresti incontrare è che sistemi diversi usano caratteri diversi per indicare la fine di una riga. Alcuni sistemi usano un carattere newline (\\n). Altri usano un carattere di ritorno (\r). Alcuni usano entrambi. Se si spostano file tra sistemi diversi, queste incoerenze potrebbero causare problemi.

Esistono applicazioni per la conversione da un formato all'altro nella maggior parte dei sistemi operativi. Potete trovarle (e leggere ulteriori informazioni su questo problema) presso wikipedia.org/wiki/Newline, oltre a ulteriori informazioni su questa questione. Niente ti vieta di svilupparne una tua!

7.10 Glossario

Catch Impedire che un'eccezione termini un programma tramite le istruzioni `try` e `except`.

Newline Un carattere speciale ('\n') utilizzato nei file e nelle stringhe per indicare la fine di una riga.

Pythonic Una tecnica che che segue la "filosofia Python". "Usare try e except è il modo *Pythonic* di risolvere l'errore dovuto a file non trovato".

Controllo qualità Persona o team focalizzato sull'assicurazione della qualità complessiva di un software. Il controllo qualità è solitamente impegnato nella verifica e nell'identificazione dei problemi/bug di un prodotto prima che lo stesso venga rilasciato.

File di testo Una sequenza di caratteri memorizzati nella memoria permanente (es. disco rigido).

7.11 Esercizi

Esercizio 1: Scrivi un programma per leggere un file e visualizzarne il contenuto (riga per riga) tutto in maiuscolo. L'esecuzione del programma avrà questo aspetto:

```
python shout.py
Enter a file name: mbox-short.txt
FROM STEPHEN.MARQUARD@UCT.AC.ZA SAT JAN 5 09:14:16 2008
RETURN-PATH: <POSTMASTER@COLLAB.SAKAIPROJECT.ORG>
RECEIVED: FROM MURDER (MAIL.UMICH.EDU [141.211.14.90])
    BY FRANKENSTEIN.MAIL.UMICH.EDU (CYRUS V2.3.8) WITH LMTPA;
    SAT, 05 JAN 2008 09:14:16 -0500
```

Puoi scaricare il file da

www.py4e.com/code3/mbox-short.txt

Esercizio 2: scrivi un programma per richiedere il nome di un file, leggerlo e ricercare le linee del form:

`X-DSPAM-Confidence:` **`0.8475`** **

Quando trovi una riga che inizia con "X-DSPAM-Confidence:" seziona la riga per estrarre il numero a virgola mobile contenuto nella stessa. Conta queste righe e quindi calcolane il totale dei valori di spam confidence.

Quando raggiungi la fine del file, visualizza la media dei valori di spam confidence.

```
Inserite il nome del file: mbox.txt
Media spam confidence : 0.894128046745

Inserisci il nome del file: mbox-short.txt
Media spam confidence: 0.750718518519
```

Metti alla prova il tuo script sui file `mbox.txt` e `mbox-short.txt`.

Esercizio 3: Capita che quando gli sviluppatori si annoiano o vogliono divertirsi, aggiungano un innocuo *Easter Egg* al loro programma. Modifica lo script precedente in modo che visualizzi un messaggio divertente nel caso l'utente inserisca quale nome del file "na na boo boo".

Il programma dovrebbe comportarsi normalmente in tutti gli altri casi (con file esistente o meno). Ecco un esempio del programma:

```
python egg.py
Immettere il nome del file: mbox.txt
There were 1797 subject lines in mbox.txt

python egg.py
Immettere il nome del file: missing.tyxt
File cannot be opened: missing.tyxt

python egg.py
Inserisci il nome del file: na na boo boo
NA NA BOO BOO TO YOU - You have been punk'd!
```

Non ti sto incoraggiando a inserire degli *Easter Egg* nei tuoi programmi, diciamo che questo è solo un esercizio.

Capitolo 8

Elenchi

8.1   Un elenco è una sequenza

Similmente ad una stringa, un *elenco* è una sequenza di valori. Ma mentre in una stringa i valori sono costituiti solo da caratteri, in un elenco questi possono essere di qualsiasi tipo e sono chiamati *elementi* o talvolta *oggetti*.

Esistono diversi modi per creare un elenco; il più semplice è racchiudere gli elementi tra parentesi quadre ([e]):

```
[10, 20, 30, 40]
['crunchy frog', 'ram bladder', 'lark vomit']
```

Il primo esempio è un elenco di quattro numeri interi, il secondo è un elenco di tre stringhe. Non è necessario che gli elementi di un elenco debbano essere dello stesso tipo: il seguente elenco contiene una stringa, un float, un intero e (sorpresa!) un'altra lista:

```
['spam', 2.0, 5, [10, 20]]
```

Un elenco contenuto all'interno di un altro elenco è definito elenco *nidificato*.

Un elenco senza elementi è chiamato elenco vuoto: puoi crearne uno semplicemente scrivendo due parentesi quadre vuote: [].

Come puoi immaginare, puoi assegnare un elenco a una variabile:

```
>>> cheeses = ['Cheddar', 'Edam', 'Gouda']
>>> numbers = [17, 123]
>>> empty = []
>>> print(cheeses, numbers, empty)
['Cheddar', 'Edam', 'Gouda'] [17, 123] []
```

8.2   Gli elenchi sono mutabili

La sintassi per accedere agli elementi di un elenco è la stessa usata per i caratteri di una stringa: l'operatore rappresentato dalle parentesi. L'espressione tra parentesi specifica l'indice. Ricorda che l'indice inizia da 0:

```
>>> print(cheeses[0])
Cheddar
```

A differenza delle stringhe, gli elenchi sono modificabili in quanto è possibile modificare l'ordine degli elementi in un elenco o riassegnare un elemento in un elenco. Quando la parentesi è visualizzata sul lato sinistro di un'assegnazione, identifica l'elemento dell'elenco che verrà modificato.

```
>>> numbers = [17, 123]
>>> numbers[1] = 5
>>> print(numbers)
[17, 5]
```

L'elemento di indice uno di **numbers**, 123, è stato sostituito da 5.

Gli elenchi possono essere immaginati come una relazione tra indici ed elementi. Questa relazione è chiamata *mappatura*; ogni indice "mappa" uno degli elementi.

Gli indici degli elenchi funzionano allo stesso modo di quelli delle stringhe:

- Qualsiasi espressione di tipo intero può essere utilizzata come indice.

- Se provi a leggere o scrivere un elemento che non esiste, otterrai un 'IndexError';

- Con un indice negativo, il conteggio inizia a ritroso partendo dalla fine dell'elenco.   L'operatore **in** funziona anche sugli elenchi:

```
>>> cheeses = ['Cheddar', 'Edam', 'Gouda']
>>> 'Edam' in cheeses
True
>>> 'Brie' in cheeses
False
```

8.3   Scorrere un elenco

Il modo più comune di scorrere gli elementi di un elenco è un ciclo **for**. La sintassi è la stessa delle stringhe:

```
for cheese in cheeses:
    print(cheese)
```

Funziona bene solo se devi leggere gli elementi di un elenco. Se vuoi scrivere o aggiornare degli elementi, devi lavorare con gli indici. Un modo comune per farlo è combinare le funzioni `range` e `len`:

```
for i in range(len(numbers)):
    numbers[i] = numbers[i] * 2
```

Questo ciclo scorre l'elenco e aggiorna ciascun elemento. `len` restituisce il numero di elementi dell'elenco. `range` restituisce un elenco di indici da 0 a $n-1$, dove n è la lunghezza dell'elenco. Ad ogni ripetizione del ciclo, `i` assume l'indice dell'elemento successivo. L'istruzione di assegnazione nel corpo usa `i` per leggere il vecchio valore dell'elemento e assegnare quello nuovo.

Un ciclo `for` su una lista vuota non esegue mai il blocco:

```
for x in empty:
    print('This never happens.')
```

Come ti ho scritto, un elenco può contenere un altro elenco, che comunque conta come se fosse un singolo elemento. Per farti un esempio, la lunghezza di questo elenco è pari a quattro:

```
['spam', 1, ['Brie', 'Roquefort', 'Pol le Veq'], [1, 2, 3]]
```

8.4 Operazioni sugli elenchi

L'operatore + concatena gli elenchi:

```
>>> a = [1, 2, 3]
>>> b = [4, 5, 6]
>>> c = a + b
>>> print(c)
[1, 2, 3, 4, 5, 6]
```

L'operatore * ripete un elenco un dato numero di volte:

```
>>> [0] * 4
[0, 0, 0, 0]
>>> [1, 2, 3] * 3
[1, 2, 3, 1, 2, 3, 1, 2, 3]
```

Nel primo esempio 0 viene ripetuto quattro volte, nel secondo l'elenco viene ripetuto tre volte.

8.5   Slicing degli elenchi

L'operatore slice può essere utilizzato anche con gli elenchi:

```
>>> t = ['a', 'b', 'c', 'd', 'e', 'f']
>>> t[1:3]
['b', 'c']
>>> t[:4]
['a', 'b', 'c', 'd']
>>> t[3:]
['d', 'e', 'f']
```

Se ometti il primo indice, lo slicing comincia dall'inizio. Se ometti il secondo, lo slicing termina alla fine. Di conseguenza se mancano entrambi, lo slicing è una copia dell'intero elenco.

```
>>> t[:]
['a', 'b', 'c', 'd', 'e', 'f']
```

Poiché gli elenchi sono editabili, spesso è utile farne prima una copia e poi eseguire operazioni che le aggreghino, le invertano o le tronchino.

Un operatore di slicing posto sul lato sinistro di un'assegnazione ti permette di aggiornare più elementi:

```
>>> t = ['a', 'b', 'c', 'd', 'e', 'f']
>>> t[1:3] = ['x', 'y']
>>> print(t)
['a', 'x', 'y', 'd', 'e', 'f']
```

8.6   Metodi degli elenchi

Python ti mette a disposizione diversi metodi per operare sugli elenchi. Ad esempio tramite append puoi aggiungere un nuovo elemento alla fine di un elenco:

```
>>> t = ['a', 'b', 'c']
>>> t.append('d')
>>> print(t)
['a', 'b', 'c', 'd']
```

extend accetta un elenco come argomento e ne accoda tutti gli elementi all'elenco specificato:

```
>>> t1 = ['a', 'b', 'c']
>>> t2 = ['d', 'e']
>>> t1.extend(t2)
>>> print(t1)
['a', 'b', 'c', 'd', 'e']
```

In questo esempio l'elenco t2 rimane immutato.

Tramite sort puoi ordinare gli elementi dell'elenco in ordine crescente:

```
>>> t = ['d', 'c', 'e', 'b', 'a']
>>> t.sort()
>>> print(t)
['a', 'b', 'c', 'd', 'e']
```

La maggior parte dei metodi applicabili agli elenchi non accettano argomenti: modificano l'elenco e restituiscono None. Se scrivessi accidentalmente t = t.sort(), rimarresti molto deluso dal risultato.

8.7   Eliminazione di elementi

Esistono diversi modi per eliminare elementi da un elenco: Se conosci l'indice dell'elemento desiderato, puoi usare pop:

```
>>> t = ['a', 'b', 'c']
>>> x = t.pop(1)
>>> print(t)
['a', 'c']
>>> print(x)
b
```

pop modifica l'elenco e restituisce l'elemento rimosso. Se non fornisci un indice, il metodo elimina e restituisce l'ultimo elemento dell'elenco. Se non ti serve il valore rimosso, puoi usare l'operatore del:

```
>>> t = ['a', 'b', 'c']
>>> del t[1]
>>> print(t)
['a', 'c']
```

Se conosci l'elemento da rimuovere (ma non l'indice), puoi utilizzare remove:

```
>>> t = ['a', 'b', 'c']
>>> t.remove('b')
>>> print(t)
['a', 'c']
```

Il valore restituito da remove è None.

Per rimuovere più di un elemento, utilizza del con un indice di slicing:

```
>>> t = ['a', 'b', 'c', 'd', 'e', 'f']
>>> del t[1:5]
>>> print(t)
['a', 'f']
```

Come al solito, lo slice seleziona tutti gli elementi fino al secondo indice escluso.

8.8   Elenchi e funzioni

Esistono numerose funzioni integrate dedicate agli elenchi che consentono di scorrere rapidamente un elenco senza scrivere del codice apposito:

```
>>> nums = [3, 41, 12, 9, 74, 15]
>>> print(len(nums))
6
>>> print(max(nums))
74
>>> print(min(nums))
3
>>> print(sum(nums))
154
>>> print(sum(nums)/len(nums))
25
```

Puoi utilizzare la funzione sum() che funziona solo se tutti gli elementi dell'elenco
sono numeri. Le altre funzioni (max(), len(), ecc.) funzionano con stringhe e altri
elementi che possano essere comparati.

Potremmo riscrivere un programma visto in precedenza che calcolava la media di
un insieme di numeri immessi dall'utente utilizzando, stavolta, un elenco.

Innanzitutto ecco lo script che abbiamo scritto per calcolare la media dei numeri
inseriti:

```
total = 0
count = 0
while (True):
    inp = input('Enter a number: ')
    if inp == 'done': break
    value = float(inp)
    total = total + value
    count = count + 1

average = total / count
print('Average:', average)

# Code: http://www.py4e.com/code3/avenum.py
```

In questo programma le variabili count e total servono per memorizzare il numero e il totale parziale dei numeri inseriti dall'utente mentre viene ripetutamente
richiesto all'utente di digitare un numero.

Potremmo semplicemente memorizzare progressivamente ogni numero inserito dal-
l'utente e utilizzare le funzioni integrate per calcolare somma e numero degli
elementi al termine della loro immissione.

```
numlist = list()
while (True):
    inp = input('Enter a number: ')
```

```
    if inp == 'done': break
    value = float(inp)
    numlist.append(value)

average = sum(numlist) / len(numlist)
print('Average:', average)
```

```
# Code: http://www.py4e.com/code3/avelist.py
```

nell'esempio precedente abbiamo creato un elenco vuoto prima che inizi il ciclo, e ogni volta che veniva inserito un numero lo abbiamo aggiunto all'elenco. Alla fine del programma, abbiamo calcolato semplicemente la somma dei numeri dell'elenco e la dividiamo per il conteggio degli elementi inseriti per ottenere la media.

8.9 Elenchi e stringhe

Ti ho già scritto che una stringa ed un elenco non sono la stessa cosa: una stringa è una sequenza di caratteri mentre un elenco è una sequenza di valori. Per convertire una stringa in un elenco di caratteri, puoi usare `list`:

```
>>> s = 'spam'
>>> t = list(s)
>>> print(t)
['s', 'p', 'a', 'm']
```

dato che `list` è un nome riservato, evita di usarlo come nome per una variabile. Ti consiglio anche di evitare la lettera l perché assomiglia troppo al numero 1. Personalmente preferisco la `t`.

La funzione `list` suddivide una stringa in singole lettere. Se invece vuoi dividere una stringa in singole parole, ti torna utile il metodo `split`:

```
>>> s = 'pining for the fjords'
>>> t = s.split()
>>> print(t)
['pining', 'for', 'the', 'fjords']
>>> print(t[2])
the
```

Dopo aver usato `split` per spezzare la stringa in un elenco di parole, puoi usare l'operatore indice (parentesi quadre) per cercare una particolare parola nell'elenco. Puoi chiamare `split` con un argomento opzionale chiamato *delimitatore* che specifica quali caratteri usare come separatore delle parole. Nell'esempio seguente viene utilizzato un trattino come delimitatore:

```
>>> s = 'spam-spam-spam'
>>> delimiter = '-'
>>> s.split(delimiter)
['spam', 'spam', 'spam']
```

join è l'inverso di `split`. Prende un elenco di stringhe e ne concatena gli elementi. `join` è un metodo delle stringhe, quindi lo devi richiamare per mezzo del delimitatore passando l'elenco come parametro:

```
>>> t = ['pining', 'for', 'the', 'fjords']
>>> delimiter = ' '
>>> delimiter.join(t)
'pining for the fjords'
```

In questo caso il delimitatore è uno spazio, perciò `join` ne aggiunge uno tra le varie parole. Se dovessi aver bisogno di concatenare delle stringhe senza spazi, puoi usare come delimitatore una stringa vuota "".

8.10   Analisi di righe

Di solito, quando analizziamo un file, vogliamo fare qualcosa di diverso dalla semplice visualizzazione di riga per riga. Spesso vogliamo trovare le "righe interessanti" e poi *analizzare* la riga per trovare la *parte* che stiamo cercando della riga stessa. E se volessimo estrarre il giorno della settimana da quelle righe che iniziano con "From"?

```
From stephen.marquard@uct.ac.za Sat Jan 5 09:14:16 2008
```

Il metodo `split` è molto efficace nel risolvere questo tipo di problema. Possiamo scrivere un piccolo programma che cerca le righe che iniziano con "From", le "divide" in parole e poi ne visualizza la terza parola:

```
fhand = open('mbox-short.txt')
for line in fhand:
    line = line.rstrip()
    if not line.startswith('From '): continue
    words = line.split()
    print(words[2])

# Code: http://www.py4e.com/code3/search5.py
```

Abbiamo usato anche la forma contratta dell'istruzione `if` e messo `continue` sulla stessa riga di `if`. Questa forma contratta funziona come se `continue` fosse messo nella riga successiva indentata.

Il programma produce il seguente output:

```
Sat
Fri
Fri
Fri
...
```

In seguito impareremo tecniche sempre più sofisticate per scegliere le righe su cui lavorare e come smontarle per trovare l'informazione precisa che stiamo cercando.

8.11   Oggetti e valori

Se eseguiamo queste istruzioni di assegnazione:

```
a = 'banana'
b = 'banana'
```

sappiamo che a e b si riferiscono entrambi a una stringa, ma non sappiamo se si riferiscono alla *stessa* stringa. Ci sono due possibili stati:

Figura 8.1: Variabili e oggetti

Nel primo caso a e b si riferiscono a due oggetti diversi che hanno lo stesso valore mentre nel secondo caso si riferiscono allo stesso oggetto.

Puoi usare l'operatore is per verificare se due variabili si riferiscono allo stesso oggetto.

```
>>> a = 'banana'
>>> b = 'banana'
>>> a is b
True
```

In questo esempio, Python ha creato un unico oggetto stringa a cui fanno riferimento sia a che b.

Se invece crei due elenchi, otterrai due oggetti:

```
>>> a = [1, 2, 3]
>>> b = [1, 2, 3]
>>> a is b
False
```

In questo caso, potremmo dire che i due elenchi sono *equivalenti*, dato che contengono gli stessi elementi, ma non *identici*, perché non sono lo stesso oggetto. Se due oggetti sono identici sono anche equivalenti, ma se sono equivalenti non sono necessariamente identici.

Anche se fino ad ora abbiamo usato "oggetto" e "valore" in modo intercambiabile, è più preciso dire che un oggetto ha un valore. Se esegui a = [1,2,3], a si riferisce ad un oggetto elenco il cui valore è una particolare sequenza di elementi. Se un altro elenco ha gli stessi elementi diremo che ha lo stesso valore.

8.12   Alias

Se a si riferisce ad un oggetto e assegni b = a, allora entrambe le variabili si riferiscono allo stesso oggetto:

```
>>> a = [1, 2, 3]
>>> b = a
>>> b is a
True
```

L'associazione tra una variabile e un oggetto è chiamata *riferimento*. In questo esempio, ci sono due riferimenti allo stesso oggetto.

Quando un oggetto ha più di un riferimento, ha di conseguenza più di un nome, che chiameremo *alias*.

Se l'oggetto con alias è modificabile, le modifiche apportate su un alias si riflettono sugli altri:

```
>>> b[0] = 17
>>> print(a)
[17, 2, 3]
```

Sebbene questo comportamento possa essere utile, è spesso fonte di errori. In generale, è meglio evitare gli alias quando si lavora con oggetti mutabili.

Nel caso di oggetti immutabili come le stringhe gli alias non sono un problema. In questo esempio non fa quasi mai differenza se a e b si riferiscono alla stessa stringa o meno:

```
a = 'banana'
b = 'banana'
```

8.13   Elenchi come argomenti

Quando passate un elenco a una funzione, questa ottiene un riferimento all'elenco. Se la funzione modifica un parametro dell'elenco, il chiamante vede la modifica. Ad esempio delete_head rimuove il primo elemento di un elenco:

```
def delete_head(t):
    del t[0]
```

Ecco come puoi utilizzarlo:

```
>>> letters = ['a', 'b', 'c']
>>> delete_head(letters)
>>> print(letters)
['b', 'c']
```

Il parametro t e la variabile letters sono alias dello stesso oggetto.

È importante distinguere tra operazioni che modificano elenchi e operazioni che creano nuovi elenchi. Nel prossimo esempio, il metodo append modifica un elenco, mentre l'operatore + ne crea uno nuovo:

```
>>> t1 = [1, 2]
>>> t2 = t1.append(3)
>>> print(t1)
[1, 2, 3]
>>> print(t2)
None

>>> t3 = t1 + [3]
>>> print(t3)
[1, 2, 3]
>>> t2 is t3
False
```

Questa differenza è importante quando devi scrivere funzioni in grado di modificare degli elenchi. Ad esempio questa funzione *non* elimina il primo elemento di un elenco:

```
def bad_delete_head(t):
    t = t[1:]               # ERRATO!
```

L'operatore slice crea un nuovo elenco e l'assegnazione fa in modo che "t" si riferisca ad esso, senza che tutto questo abbia effetto sull'elenco che è stato passato come argomento.

Un'alternativa è scrivere una funzione che crei e restituisca un nuovo elenco. Ad esempio tail restituisce tutti gli elementi di un elenco tranne il primo:

```
def tail(t):
    return t[1:]
```

Ricorda che questa funzione lascia intatto l'elenco originale. Ecco come viene utilizzata:

```
>>> letters = ['a', 'b', 'c']
>>> rest = tail(letters)
>>> print(rest)
['b', 'c']
```

Esercizio 1: Scrivi una funzione chiamata chop che prenda un elenco, lo modifichi rimuovendo il primo e l'ultimo elemento e restituisca None.

Quindi scrivi una funzione chiamata middle che prenda un elenco e restituisca un nuovo elenco contenente tutti gli elementi tranne il primo e l'ultimo.

8.14 Debug

L'uso incauto degli elenchi (e di altri oggetti mutabili) può portarti a passare lunghe ore nelle operazioni di debug.

Ecco alcuni problemi comuni e dei suggerimenti su come evitarli:

1. Non dimenticare che la maggior parte dei metodi applicabili agli elenchi modificano l'argomento e restituiscono `None`. Questo è l'opposto del comportamento dei metodi di stringa che restituiscono una nuova stringa e lasciano immutato l'originale.

   Stai attento se sei abituato a scrivere codice per le stringhe come questo:

   ```
   word = word.strip ()
   ```

   perché allora sarai tentato di scrivere codice come questo:

   ```
   t = t.sort()           # ERRATO!
   ```

   Poiché `sort` restituisce `None`, la successiva operazione che eseguirai su `t` probabilmente fallirà.

   Prima di utilizzare i metodi e gli operatori utilizzabili sugli elenchi, è necessario che tu legga attentamente la documentazione e li testi in modalità interattiva. I metodi e gli operatori che gli elenchi condividono con altre sequenze (come le stringhe) sono documentati su https://docs.python.org/3 .5/library/stdtypes.html#common-sequence-operations. I metodi e gli operatori che si applicano solo alle sequenze mutabili sono documentati su http s://docs.python.org/3.5/library/stdtypes.html#mutable-sequence-types.

2. Scegliere sempre un solo idioma.

   Parte dei problemi che hai con gli elenchi deriva dal fatto che ci sono troppi modi per fare le stesse cose. Ad esempio, per rimuovere un elemento da un elenco, puoi usare `pop`, `remove`, `del`, o anche lo slice.

   Per aggiungere un elemento puoi usare il metodo `append` o l'operatore +. Ma non dimenticare che questi sono corretti:

   ```
   t.append (x)
   t = t + [x]
   ```

   E questi sono sbagliati:

   ```
   t.append([x])          # ERRATO!
   t = t.append(x)        # ERRATO!
   t + [x]                # ERRATO!
   t = t + x              # ERRATO!
   ```

   Prova ognuno di questi esempi in modalità interattiva per assicurarti di capire come funzionano. Noterai che solo l'ultima espressione genera un errore di esecuzione; le altre tre sono consentite ma fanno la cosa sbagliata.

3. Fare delle copie per evitare gli alias.

   Se vuoi utilizzare un metodo come `sort` per modificare l'argomento ma hai la necessità di mantenere inalterato l'elenco originale, puoi farne una copia.

   ```
   orig = t [:]
   t.sort ()
   ```

   In questo esempio puoi anche usare la funzione `sorted`, che ti restituisce un nuovo elenco ordinato lasciando intatto l'originale. Ma in tal caso devi evitare di usare `sorted` come nome di variabile!

4. Elenchi, `split` e file

   Quando leggiamo e analizziamo file ci sono molte opportunità di imbattersi in input che possano mandare in crash il nostro programma, quindi è una buona idea rivisitare lo schema del *guardiano* quando capita di scrivere programmi che leggono cercando il classico "ago nel pagliaio".

   Riprendiamo il programma che cerca il giorno della settimana nelle righe del nostro file:

   `From stephen.marquard@uct.ac.za  Sat Jan  5 09:14:16 2008`

   Considerato che stiamo dividendo in parole questa frase, potremmo fare a meno dell'uso di `startswith` ed esaminare semplicemente la prima parola per determinare se ci interessa questa riga. Possiamo usare `continue` per saltare le righe che non hanno "From" come prima parola:

   ```
   fhand = open('mbox-short.txt')
   for line in fhand:
       words = line.split()
       if words[0] != 'From' : continue
       print(words[2])
   ```

   Sembra molto più semplice e non abbiamo nemmeno bisogno di fare un `rstrip` per cancellare il fine stringa alla fine del file. Ma è meglio?

   ```
           python search8.py
           Sat
           Traceback (most recent call last):
             File "search8.py", line 5, in <module>
               if words[0] != 'From' : continue
           IndexError: list index out of range
   ```

   Sembra funzionare dato che riusciamo a visualizzare il giorno della settimana della prima riga (Sat) ma poi il programma fallisce mostrando un errore di traceback. Cosa è andato storto? Quali dati hanno causato il blocco del nostro programma elegante, intelligente e molto "Pythonic"?

   Potresti fissarlo a lungo scervellandoti o chiedere aiuto a qualcuno, ma l'approccio più rapido e intelligente è quello di aggiungere un'istruzione `print`. Il posto migliore per aggiungerla è proprio prima della riga in cui il programma ha dato errore e visualizzare i dati che sembrano causare l'errore.

   Questo approccio può generare molte righe di output ma almeno avrai immediatamente qualche indizio su quale sia il problema. Quindi aggiungiamo un comando **print** della variabile **words** prima della riga cinque. Aggiungiamo persino un prefisso "Debug:" alla riga in modo da poter mantenere separato l'output normale da quello di debug.

```
for line in fhand:
    words = line.split()
    print('Debug:', words)
    if words[0] != 'From' : continue
    print(words[2])
```

Quando eseguiremo il programma, sullo schermo verranno visualizzati un mucchio di output ma alla fine vedremo il nostro output di debug seguito dal traceback e potremo sapere cosa è successo appena prima del messaggio d'errore.

```
Debug: ['X-DSPAM-Confidence:', '0.8475']
Debug: ['X-DSPAM-Probability:', '0.0000']
Debug: []
Traceback (most recent call last):
  File "search9.py", line 6, in <module>
    if words[0] != 'From' : continue
IndexError: list index out of range
```

In ogni riga di debug viene visualizzato l'elenco di parole che otteniamo quando segmentiamo una riga. L'elenco di parole rimane vuoto [] quando il programma si blocca. Se esaminiamo il file con un editor di testo potremo leggere in quel punto quanto segue:

```
X-DSPAM-Result: Innocent
X-DSPAM-Processed: Sat Jan  5 09:14:16 2008
X-DSPAM-Confidence: 0.8475
X-DSPAM-Probability: 0.0000

Details: http://source.sakaiproject.org/viewsvn/?view=rev&rev=39772
```

L'errore si verifica quando il nostro programma incappa in una riga vuota! Perché non abbiamo pensato quando stavamo scrivendo il codice che, ovviamente, ci sono "zero parole" su una riga vuota? In altre parole non abbiamo previsto che quando il codice cerca in una riga vuota la prima parola (**word [0]**) per verificare se corrisponde a "From", si blocca ed otteniamo l'errore "index out of range".

Questo è ovviamente il posto perfetto per aggiungere un codice *guardiano* per evitare di controllare la prima parola se questa non è presente. Pur esistendo molti modi per proteggere questo codice, noi sceglieremo di verificare il numero di parole, prima di leggere la prima parola:

```
fhand = open('mbox-short.txt')
count = 0
for line in fhand:
    words = line.split()
    # print 'Debug:', words
    if len(words) == 0 : continue
```

```
if words[0] != 'From' : continue
print(words[2])
```

Per prima cosa abbiamo "commentato" l'istruzione di debug `print` invece di rimuoverla, nel caso in cui avessimo nuovamente bisogno di eseguire il debug. Poi abbiamo aggiunto una istruzione "guardiana" che controlla se abbiamo zero parole e, se così fosse, usiamo `continue` per saltare alla riga successiva nel file.

Possiamo pensare che le due istruzioni `continue` ci stiano aiutando a perfezionare l'insieme di righe "interessanti" per le nostre elaborazioni. Una riga che non ha parole è "poco interessante", quindi è meglio saltare alla riga successiva. Anche una riga che non inizi con "From" è poco interessante, quindi la ignoriamo.

Dato che il nostro script viene eseguito regolarmente, forse ora è corretto. La nostra istruzione guardiana fa in modo che il `words [0]` non generi mai un errore, ma forse non basta. Quando programmi, devi sempre pensare: "Cosa potrebbe andare storto?"

Esercizio 2: scopri quale riga del programma precedente non è ancora adeguatamente protetta. Cerca di costruire un file di testo che faccia fallire il programma e quindi modifica il programma in modo che la riga sia adeguatamente protetta e testala nuovamente per essere sicuro che gestisca correttamente il nuovo file di testo.

Esercizio 3: riscrivi il codice guardiano dell'esempio precedente senza le due istruzioni `if`. Usa invece un'espressione logica composta dall'operatore **and** e una singola istruzione `if`.

8.15 Glossario

Alias Circostanza in cui due o più variabili si riferiscono allo stesso oggetto.
Delimitatore Un carattere o una stringa utilizzata per indicare il punto in cui deve essere divisa una stringa.
Elemento Uno dei valori in un elenco (o altra sequenza); viene chiamato anche oggetto.
Equivalente Avere lo stesso valore.
Indice Un valore intero che indica la posizione di un elemento in un elenco.
Identico Essere lo stesso oggetto (che implica l'equivalenza).
Elenco Una sequenza di valori.
Elaborazione trasversale Accesso sequenziale a ciascun elemento in un elenco.

Elenco annidato Un elenco contenuto all'interno di un altro elenco.
Oggetto Qualcosa a cui una variabile può riferirsi. Un oggetto è caratterizzato da un tipo e un valore.
Riferimento L'associazione tra una variabile e il suo valore.

8.16   Esercizi

Esercizio 4: scarica una copia del file www.py4e.com/code3/romeo.txt

Scrivi un programma che lo apra e lo legga riga per riga. Dividi la riga in un elenco di parole usando la funzione `split`.

Controlla se ogni parola è già presente in un elenco. Se la parola non è nell'elenco, aggiungila. Al termine del programma, ordina e visualizza in ordine alfabetico le parole risultanti.

```
Enter file: romeo.txt
['Arise', 'But', 'It', 'Juliet', 'Who', 'already',
'and', 'breaks', 'east', 'envious', 'fair', 'grief',
'is', 'kill', 'light', 'moon', 'pale', 'sick', 'soft',
'sun', 'the', 'through', 'what', 'window',
'with', 'yonder']
```

Esercizio 5: Scrivi un programma per leggere i dati della casella di posta e quando trova la riga che inizia con "From", divida la riga in parole usando la funzione `split`. Siamo interessati a sapere chi ha inviato il messaggio indicato nella parola delle righe che iniziano con From.

```
From stephen.marquard@uct.ac.za Sat 5 Jan 09:14:16 2008
```

Analizza la riga From per visualizzarne la seconda parola, quindi conta anche il numero di righe From (non From:), visualizzandone il risultato alla fine.

Questo è un buon esempio di output con poche righe rimosse:

```
python fromcount.py
Enter a file name: mbox-short.txt
stephen.marquard@uct.ac.za
louis@media.berkeley.edu
zqian@umich.edu

[...some output removed...]

ray@media.berkeley.edu
cwen@iupui.edu
cwen@iupui.edu
cwen@iupui.edu
There were 27 lines in the file with From as the first word
```

Esercizio 6: Riscrivi il programma che richiede all'utente un elenco di numeri e ne visualizza il maggiore ed il minore, quando riceve in input la stringa "done". Il programma ora memorizzerà i numeri inseriti dall'utente in un elenco e tramite le funzioni `max()` e `min()` fornirà i numeri massimo e minimo quando l'utente fornisce in input la parola "done".

```
Enter a number: 6
Enter a number: 2
Enter a number: 9
```

```
Enter a number: 3
Enter a number: 5
Enter a number: done
Maximum: 9.0
Minimum: 2.0
```

Capitolo 9

Dizionari

Un *dizionario* è come un elenco, ma più generico: in un elenco gli indici di posizione devono essere numeri interi; in un dizionario gli indici possono essere (più o meno) di qualsiasi tipo. Puoi pensare a un dizionario come una correlazione tra un insieme di indici (chiamati *chiavi*) e un insieme di valori. Ogni chiave viene associata ad un valore. Questa associazione è chiamata *coppia chiave-valore* o talvolta *elemento*.

Ad esempio, costruiremo un dizionario che associ parole inglesi e spagnole dove, quindi, le chiavi e i valori saranno tutte stringhe.

Puoi creare un dizionario vuoto tramite la funzione dict. Poiché dict è il nome di una funzione integrata, dovresti evitare di usarlo come nome di variabile.

```
>>> eng2sp = dict()
>>> print(eng2sp)
{}
```

Le parentesi graffe {}, rappresentano un dizionario vuoto. Per aggiungere elementi al dizionario, puoi usare le parentesi quadre:

```
>>> eng2sp['one'] = 'uno'
```

Questa linea crea un oggetto che associa la chiave "one" al valore "uno". Se visualizzi nuovamente il dizionario, vedrai una coppia chiave-valore con due punti tra la chiave e il valore:

```
>>> print(eng2sp)
{'one': 'uno'}
```

Questo formato di output è anche un formato di input. Ad esempio, puoi creare un nuovo dizionario con tre elementi. Ma se visualizzi eng2sp, potresti rimanere sorpreso:

```
>>> eng2sp = {'one': 'uno', 'two': 'dos', 'three': 'tres'}
>>> print(eng2sp)
{'one': 'uno', 'three': 'tres', 'two': 'dos'}
```

L'ordine delle coppie chiave-valore non è lo stesso. Se digiti lo stesso esempio sul
tuo computer, potresti ottenere un risultato ancora diverso. In generale, l'ordine
degli elementi in un dizionario è imprevedibile.

Ma questo non è un problema perché gli elementi di un dizionario non sono mai
indicizzati con indici interi. Invece, vanno usate le chiavi per cercare i valori
corrispondenti:

```
>>> print(eng2sp['two'])
'dos'
```

La chiave `'two'` si associa sempre al valore "dos" in modo che l'ordine degli oggetti non abbia importanza. Se provi a visualizzare una chiave non presente nel
dizionario, otterrai un'eccezione:

```
>>> print(eng2sp['four'])
KeyError: 'four'
```

La funzione `len` può essere utilizzata sui dizionari: restituisce il numero di coppie
chiave-valore:

```
>>> len(eng2sp)
3
```

L'operatore `in` lavora sui dizionari: ti dice se quello che cerchi risulta essere una
chiave del dizionario (non è sufficiente che risulti come un valore).

```
>>> 'one' in eng2sp
True
>>> 'uno' in eng2sp
False
```

Per vedere se qualcosa risulta come valore in un dizionario, puoi usare il metodo
`values`, che restituisce i valori come un elenco e successivamente l'operatore `in`:

```
>>> vals = list(eng2sp.values())
>>> 'uno' in vals
True
```

L'operatore `in` utilizza algoritmi diversi per elenchi e dizionari. Per gli elenchi,
utilizza un algoritmo di ricerca lineare. Man mano che l'elenco si allunga, il tempo
di ricerca si allunga in proporzione diretta alla dimensione dello stesso. Per i dizionari Python utilizza un algoritmo chiamato *tabella degli hash* che ha una proprietà
notevole: l'operatore `in` richiede circa la stessa quantità di tempo indipendentemente dal numero di elementi presenti in un dizionario. Non ti spiegherò perché
le funzioni di hash siano così magiche, ma puoi ottenere ulteriori informazioni da
wikipedia.org/wiki/Hash_table.

Esercizio 1:

Scarica una copia del file: www.py4e.com/code3/words.txt

Scrivi un programma che legga le parole in `words.txt` e le memorizzi come chiavi
in un dizionario. Non importa quali siano i valori. Quindi puoi usare l'operatore
`in` per verificare rapidamente se una stringa è contenuta nel dizionario.

9.1 Dizionario come insieme di contatori

Supponiamo di avere una stringa di cui vuoi contare quante volte appaia ogni lettera. Ci sono diversi modi per farlo:

1. Potresti creare 26 variabili, una per ogni lettera dell'alfabeto. Quindi potresti scorrere la stringa e, per ogni carattere, incrementare il contatore corrispondente probabilmente usando una condizione concatenata.

2. Potresti creare una lista con 26 elementi per poi convertire ciascuno in un numero (utilizzando la funzione ord), infine utilizzare il numero come indice nell'elenco e incrementare il contatore appropriato.

3. Potresti creare un dizionario con caratteri come chiavi e contatori come valori corrispondenti. La prima volta che trovi un nuovo carattere, dovrai aggiungere un elemento al dizionario. Successivamente, dovresti incrementare il valore di un elemento esistente.

Ognuna di queste opzioni esegue lo stesso calcolo, ma ognuna di esse lo implementa in un modo diverso.

Un'*implementazione* è un modo di eseguire un calcolo; alcune sono migliori di altre. Ad esempio, un vantaggio dell'adozione di un dizionario è che non dobbiamo sapere in anticipo quali lettere saranno presenti nella stringa ma dobbiamo solo far spazio per quelle che appariranno.

Ecco come potrebbe apparire il codice:

```
word = 'brontosaurus'
d = dict()
for c in word:
    if c not in d:
        d[c] = 1
    else:
        d[c] = d[c] + 1
print(d)
```

Stiamo in realtà calcolando un *istogramma*, che è un termine statistico per un insieme di contatori (o frequenze).

Il ciclo for analizza la stringa: ogni volta che viene eseguito il ciclo, se il carattere contenuto nella variabile c non è nel dizionario, viene creato un nuovo elemento con la chiave c e con valore iniziale 1 (poiché abbiamo visto questa lettera una sola volta). Se c è già presente nel dizionario incrementiamo d[c].

Ecco l'output del programma:

```
{'a': 1, 'b': 1, 'o': 2, 'n': 1, 's': 2, 'r': 2, 'u': 2, 't': 1}
```

L'istogramma indica che le lettere "a" e "b" compaiono una sola volta; "o" appare due volte e così via.

I dizionari hanno un metodo chiamato get che riceve una chiave e un valore predefinito. Se la chiave è presente nel dizionario, get restituisce il valore corrispondente, altrimenti restituisce il valore predefinito.

Per esempio:

```
>>> counts = { 'chuck' : 1 , 'annie' : 42, 'jan': 100}
>>> print(counts.get('jan', 0))
100
>>> print(counts.get('tim', 0))
0
```

Possiamo usare get per scrivere il nostro istogramma in modo più rapido. Dato che il metodo get gestisce automaticamente il caso in cui una chiave non è presente in un dizionario, possiamo ridurre quattro righe ad una sola ed eliminare l'istruzione if.

```
word = 'brontosaurus'
d = dict()
for c in word:
    d[c] = d.get(c,0) + 1
print(d)
```

L'uso del metodo get per semplificare questo ciclo di conteggio sarà un "idioma" usato molto comunemente in Python e lo vedrai molte altre volte nel resto del libro. Quindi dovresti fermarti un momento e confrontare il ciclo che utilizza l'istruzione if e l'operatore in con il ciclo che utilizza il metodo get. Fanno esattamente la stessa cosa, ma il secondo è più conciso.

9.2   Dizionari e file

Uno degli usi più comuni di un dizionario è contare la frequenza di parole in un file di testo. Iniziamo con un semplice file tratto dal testo di *Romeo e Giulietta*.

Per i primi esempi utilizzeremo una versione abbreviata e semplificata del testo senza segni di punteggiatura. Successivamente lavoreremo con il testo di scena con punteggiatura inclusa.

```
But soft what light through yonder window breaks
It is the east and Juliet is the sun
Arise fair sun and kill the envious moon
Who is already sick and pale with grief`
```

Scriveremo un programma Python per leggere le righe del file, suddividerle in un elenco di parole, quindi contare ogni parola presente utilizzando un dizionario.

Vedrai che avremo bisogno di due cicli for. Il ciclo esterno legge ognuna delle righe del file e il ciclo interno si ripete su ciascuna delle parole presenti in quella particolare riga. Questo è un esempio dello schema chiamato *cicli annidati* in quanto uno dei cicli è il ciclo *esterno* e l'altro il ciclo *interno*. Poiché il ciclo interno esegue tutte le sue iterazioni ogni volta che il ciclo esterno effettua una singola iterazione, pensiamo come se il ciclo interno iterasse "più rapidamente" e il ciclo esterno iterasse più lentamente.

La combinazione dei due cicli annidati garantisce che conteremo ogni parola di ogni riga del file in input.

```
fname = input('Enter the file name: ')
try:
    fhand = open(fname)
except:
    print('File cannot be opened:', fname)
    exit()

counts = dict()
for line in fhand:
    words = line.split()
    for word in words:
        if word not in counts:
            counts[word] = 1
        else:
            counts[word] += 1

print(counts)

# Code: http://www.py4e.com/code3/count1.py
```

Quando esegui lo script, vedrai un output grezzo di tutti i conteggi in una serie di hash disordinati (il file **romeo.txt** è disponibile su www.py4e.com/code3/romeo.txt).

```
python count1.py
Enter the file name: romeo.txt
{'and': 3, 'envious': 1, 'already': 1, 'fair': 1,
'is': 3, 'through': 1, 'pale': 1, 'yonder': 1,
'what': 1, 'sun': 2, 'Who': 1, 'But': 1, 'moon': 1,
'window': 1, 'sick': 1, 'east': 1, 'breaks': 1,
'grief': 1, 'with': 1, 'light': 1, 'It': 1, 'Arise': 1,
'kill': 1, 'the': 3, 'soft': 1, 'Juliet': 1}
```

È un po' scomodo cercare nel dizionario le parole più comuni e i loro conteggi, quindi abbiamo bisogno di aggiungere altro codice Python per ottenere un output che ci sarà più leggibile.

9.3   Cicli e dizionari

Quando utilizzi un dizionario come argomento in un'istruzione `for`, tutte le chiavi contenute nel dizionario verranno controllate dal ciclo. Questo ciclo visualizza ogni chiave ed il suo corrispondente valore:

```
counts = { 'chuck' : 1 , 'annie' : 42, 'jan': 100}
for key in counts:
    print(key, counts[key])
```

Ecco come appare il suo output:

```
jan 100
chuck 1
annie 42
```

Anche qui le chiavi non seguono alcun ordine particolare.

Possiamo usare questo schema per implementare i vari cicli idiomatici che abbiamo descritto in precedenza. Ad esempio, se volessimo trovare tutte le voci in un dizionario con un valore superiore a dieci, potremmo scrivere il seguente codice:

```
counts = { 'chuck' : 1 , 'annie' : 42, 'jan': 100}
for key in counts:
    if counts[key] > 10 :
        print(key, counts[key])
```

Il ciclo for scorre le *chiavi* del dizionario, quindi dobbiamo utilizzare l'operatore di indice per recuperare il *valore* corrispondente per ogni chiave. Ecco come appare l'output:

```
jan 100
annie 42
```

Vediamo solo le voci con un valore superiore a 10.

Se desiderassi visualizzare le chiavi in ordine alfabetico, sarebbe necessario prima creare un elenco delle chiavi nel dizionario utilizzando il metodo keys, quindi ordinare l'elenco e scorrere l'elenco ordinato, cercando ogni chiave e visualizzando l'elenco ordinato delle coppie chiave-valore come segue:

```
counts = { 'chuck' : 1 , 'annie' : 42, 'jan': 100}
lst = list(counts.keys())
print(lst)
lst.sort()
for key in lst:
    print(key, counts[key])
```

Ecco come appare l'output:

```
['jan', 'chuck', 'annie']
annie 42
chuck 1
jan 100
```

Per prima cosa vedrai la lista delle chiavi in modo non ordinato che otteniamo dal metodo keys. Quindi vedrai le coppie chiave-valore ordinate dal ciclo for.

9.4 Analisi avanzata del testo

Nell'esempio precedente, utilizzando il file `romeo.txt`, abbiamo reso il file il più semplice possibile rimuovendo manualmente tutti i segni di punteggiatura. Il testo reale ha molta punteggiatura, come puoi vedere qui sotto.

```
But, soft! what light through yonder window breaks?
It is the east, and Juliet is the sun.
Arise, fair sun, and kill the envious moon,
Who is already sick and pale with grief,
```

Dato che la funzione `split` cerca spazi e tratta le parole come elementi separati da spazi, tratteremo le parole "soft!" e "soft" come parole *differenti* e creeremo una voce di dizionario separata per ognuna di queste.

Inoltre, poiché il file è in maiuscolo, considereremo "who" e "Who" come parole diverse con diversi conteggi.

Possiamo risolvere entrambi i problemi usando i metodi per le stringhe `lower`, `punctuation` e `translate`. Il metodo `translate` è il più subdolo. Ecco la documentazione del metodo `translate`:

```
line.translate(str.maketrans(fromstr, tostr, deletestr))
```

Sostituisce i caratteri in `fromstr` con il carattere nella stessa posizione in `tostr` ed elimina tutti i caratteri che sono in `deletestr`. Fromstr e tostr possono essere stringhe vuote e il parametro `deletestr` può essere omesso.

Non specificheremo la `tostr`, ma useremo il parametro `deletestr` per eliminare tutta la punteggiatura. Lasceremo persino che Python ci fornisca la lista dei caratteri che considera "punteggiatura":

```
>>> import string
>>> string.punctuation
'!"#$%&\'()*+,-./:;<=>?@[\\]^_`{|}~'
```

I parametri utilizzati dal metodo `translate` erano diversi in Python 2.0.

Ora effettuiamo le seguenti modifiche al nostro programma:

```python
import string

fname = input('Enter the file name: ')
try:
    fhand = open(fname)
except:
    print('File cannot be opened:', fname)
    exit()

counts = dict()
for line in fhand:
    line = line.rstrip()
```

```
line = line.translate(line.maketrans('', '', string.punctuation))
line = line.lower()
words = line.split()
for word in words:
    if word not in counts:
        counts[word] = 1
    else:
        counts[word] += 1
```

```
print(counts)
```

```
# Code: http://www.py4e.com/code3/count2.py
```

Parte dell'imparare l'"Arte di Python" o il "Pensiero Pythonico" è comprendere che Python ha spesso funzionalità integrate per molti problemi comuni di analisi dei dati. Nel tempo, vedrete abbastanza codice di esempio e leggerete abbastanza documentazione per sapere dove guardare per vedere se qualcuno ha già scritto qualcosa che renderà il vostro lavoro molto più facile. Quanto segue è una versione abbreviata dell'output:

```
Enter the file name: romeo-full.txt
{'swearst': 1, 'all': 6, 'afeard': 1, 'leave': 2, 'these': 2,
'kinsmen': 2, 'what': 11, 'thinkst': 1, 'love': 24, 'cloak': 1,
a': 24, 'orchard': 2, 'light': 5, 'lovers': 2, 'romeo': 40,
'maiden': 1, 'whiteupturned': 1, 'juliet': 32, 'gentleman': 1,
'it': 22, 'leans': 1, 'canst': 1, 'having': 1, ...}
```

Osserva questo output: è ancora poco gestibile ma possiamo usare Python per darci esattamente quello che stiamo cercando. Per farlo però ho bisogno di spiegarti come funzionano le *tuple* di Python. Riprenderemo questo esempio una volta che avrai familiarità con queste cose.

9.5   Debug

Nel lavorare con insiemi di dati più grandi può risultare poco pratico eseguire il debug visualizzando e controllando i dati manualmente. Ecco alcuni suggerimenti per il debug di insiemi di dati di grandi dimensioni:

Ridimensionare l'input: se possibile, ridurre la dimensione del dataset. Ad esempio, se il programma deve analizzare un file di testo, inizia con solo le prime 10 righe o con il campione più piccolo che riesci a trovare. Puoi quindi modificare il file stesso o (meglio) lo script in modo che legga solo le prime **n** righe.

Se c'è un errore, riduci **n** al numero minore di righe in cui si manifesta l'errore, poi aumentalo gradualmente man mano che trovi e correggi gli errori che si presentano.

Controllare i riepiloghi e i tipi: anziché visualizzare e controllare l'intero set di dati, prendi in considerazione la visualizzazione di riepiloghi dei dati: ad esempio, il numero di elementi in un dizionario o il totale di un elenco di numeri.

Una causa comune negli errori di runtime è un valore del tipo errato. Per eseguire il debug di questo tipo di errore è spesso sufficiente visualizzarne il tipo e agire di conseguenza.

Inserire autocontrolli: a volte puoi scrivere del codice per verificare automaticamente i possibili errori. Ad esempio, se si calcola la media di un elenco di numeri, è possibile verificare che il risultato non sia più grande o più piccolo di tutti gli elementi presenti. Questo viene definito "controllo di integrità" perché individua risultati "completamente illogici".

Un altro tipo di controllo confronta i risultati di due diversi calcoli per verificare se sono coerenti. Questo è chiamato "controllo di coerenza".

Visualizzare bene l'output: la formattazione dell'output di debug può rendere più facile l'individuazione di un errore.

Ancora una volta, il tempo speso per la costruzione di impalcature (scaffolding) può ridurre il tempo che dovrai spendere nel debugging.

9.6 Glossario

Dizionario Una correlazione tra una serie di chiavi e i corrispondenti valori.

Tabella di hash L'algoritmo utilizzato per implementare i dizionari Python.

Funzione di hash Una funzione utilizzata da una tabella di hash per calcolare la posizione di una chiave.

Istogramma Una serie di contatori.

Implementazione Il modo utilizzato per eseguire un calcolo.

Elemento Un altro nome utilizzato per una coppia chiave-valore.

Chiave L'oggetto che appare in un dizionario come prima parte di una coppia chiave-valore.

Coppia chiave-valore La rappresentazione della correlazione da una chiave a un valore.

Ricerca L'operazione nel dizionario che permette di trovare una chiave e il valore corrispondente.

Cicli annidati Uno o più cicli contenuti "all'interno" di un altro ciclo. Il ciclo interno viene completato ogni volta che viene eseguito il ciclo esterno.

Valore l'oggetto che appare in un dizionario come seconda parte di una coppia chiave-valore. Questo è un modo più specifico di utilizzare la parola "valore".

9.7 Esercizi

Esercizio 2: Scrivi un programma che classifichi ogni messaggio di posta in base al giorno della settimana in cui è stato inviato. Per fare ciò, cerca le righe che iniziano con "From", quindi cerca la terza parola e aggiorna il conteggio di ciascuno dei giorni della settimana. Alla fine del programma visualizza i contenuti del tuo dizionario (l'ordine non ha importanza).
Riga di esempio:

```
From stephen.marquard@uct.ac.za Sat Jan  5 09:14:16 2008
```

Esempio di esecuzione:

```
python dow.py
Enter a file name: mbox-short.txt
{'Fri': 20, 'Thu': 6, 'Sat': 1}
```

Esercizio 3: Scrivi un programma che analizzi un log di posta, crei un istogramma utilizzando un dizionario per contare quanti messaggi sono arrivati da ciascun indirizzo di posta elettronica ed infine visualizzi il dizionario.

```
Enter file name: mbox-short.txt
{'gopal.ramasammycook@gmail.com': 1, 'louis@media.berkeley.edu': 3,
'cwen@iupui.edu': 5, 'antranig@caret.cam.ac.uk': 1,
'rjlowe@iupui.edu': 2, 'gsilver@umich.edu': 3,
'david.horwitz@uct.ac.za': 4, 'wagnermr@iupui.edu': 1,
'zqian@umich.edu': 4, 'stephen.marquard@uct.ac.za': 2,
'ray@media.berkeley.edu': 1}
```

Esercizio 4: Aggiungi del codice allo script dell'esercizio precedente che indichi chi ha il maggior numero di messaggi nel file.

Dopo che sono stati analizzati tutti i dati ed i risultati sono salvati nel dizionario sono stati letti e il dizionario è stato creato, tramite un ciclo "massimo" (vedi nel capitolo 5 la sezione 5.7.2 per limitare i cicli) trova chi ha più messaggi e visualizzane il numero.

```
Enter a file name: mbox-short.txt
cwen@iupui.edu 5

Enter a file name: mbox.txt
zqian@umich.edu 195
```

Esercizio 5: Scrivi uno script che registri il nome di dominio (anziché l'indirizzo) da cui è stato inviato il messaggio anziché il mittente (ovvero, l'intero indirizzo email). Alla fine fai in modo che il programma visualizzi i contenuti del dizionario.

```
python schoolcount.py
Enter a file name: mbox-short.txt
{'media.berkeley.edu': 4, 'uct.ac.za': 6, 'umich.edu': 7,
'gmail.com': 1, 'caret.cam.ac.uk': 1, 'iupui.edu': 8}
```

Capitolo 10

Tuple

10.1 Le tuple sono immutabili

La tupla[1] è una sequenza di valori molto simile a un elenco. I valori memorizzati in una tupla possono essere di qualsiasi tipo e vengono indicizzati tramite numeri interi. La caratteristica fondamentale delle tuple è l'essere *immutabili*. Sulle tuple è possibile effettuare operazioni di comparazione e hash, possiamo quindi ordinare gli elenchi delle tuple e utilizzare queste ultime come valori chiave nei dizionari Python.

Sintatticamente la tupla è un elenco di valori separati da virgole:

```
>>> t = 'a', 'b', 'c', 'd', 'e'
```

Anche se non necessario è convenzione racchiudere le tuple tra parentesi tonde per identificarle rapidamente quando esaminiamo uno script di Python:

```
>>> t = ('a', 'b', 'c', 'd', 'e')
```

Per creare una tupla contenente un singolo elemento, scrivere l'elemento tra virgolette seguito da una virgola:

```
>>> t1 = ('a',)
>>> type(t1)
<type 'tuple'>
```

In assenza della virgola, Python considera ('a') come un'espressione contenente una stringa tra parentesi:

```
>>> t2 = ('a')
>>> type(t2)
<type 'str'>
```

---

[1]Curiosità: la parola "tupla" deriva dai nomi dati a sequenze di numeri di lunghezza variabile: singola, doppie, triple, quadruple, quintuple, sestuple, settuple, ecc.

Un altro modo per costruire una tupla è usare la funzione `tuple`. In assenza di argomenti, viene creata una tupla vuota:

```
>>> t = tuple()
>>> print(t)
()
```

Utilizzando come argomento di tuple una sequenza (stringa, elenco o tupla), il risultato che otterrai sarà a sua volta una tupla composta dagli elementi della sequenza:

```
>>> t = tuple('lupins')
>>> print(t)
('l', 'u', 'p', 'i', 'n', 's')
```

Dato che `tuple` è il nome di una funzione di Python, devi evitare di usarlo come nome di variabile.

La maggior parte degli operatori degli elenchi funziona anche sulle tuple. L'operatore parentesi quadra permette di indicare la posizione di un elemento:

```
>>> t = ('a', 'b', 'c', 'd', 'e')
>>> print(t[0])
'a'
```

L'operatore slice ti permette di indicare un intervallo di elementi.

```
>>> print(t[1:3])
('b', 'c')
```

Se cerchi però di modificare uno degli elementi della tupla, tutto quello che otterrai è un messaggio di errore:

```
>>> t[0] = 'A'
TypeError: object doesn't support item assignment
```

Pur non essendo possibile modificare gli elementi di una tupla, puoi sostituirla con un'altra:

```
>>> t = ('A',) + t[1:]
>>> print(t)
('A', 'b', 'c', 'd', 'e')
```

10.2 Confronto tra tuple

Gli operatori di confronto funzionano con le tuple e le altre sequenze. Python inizia con il confrontare il primo elemento di ogni sequenza, se sono uguali, passa all'elemento successivo, e così via, finché non ne trova due diversi. Gli elementi successivi non vengono considerati (anche se sono molto grandi).

```
>>> (0, 1, 2) < (0, 3, 4)
True
>>> (0, 1, 2000000) < (0, 3, 4)
True
```

La funzione `sort` funziona allo stesso modo: di base ordina iniziando dal primo elemento, ma nel caso di pari lunghezza, inizia dal secondo elemento, e così via.

Questa caratteristica torna utile nel modello chiamato *DSU* per

decorare (decorate) una sequenza costruendo un elenco di tuple con una o più chiavi di ordinamento che precedono gli elementi della sequenza,
ordinare (sort) l'elenco di tuple usando il `sort` incorporato in Python, e
eliminare (undecorate) la decorazione estraendo gli elementi della sequenza, una volta ordinati.

Ad esempio, supponi di avere un elenco di parole da ordinare dalla più lunga alla più corta:

```
txt = 'but soft what light in yonder window breaks'
words = txt.split()
t = list()
for word in words:
    t.append((len(word), word))

t.sort(reverse=True)

res = list()
for length, word in t:
    res.append(word)

print(res)
```

 # Code: http://www.py4e.com/code3/soft.py

Il primo ciclo crea un elenco di tuple, ognuna delle quali è una parola preceduta da un numero che indica la sua lunghezza. `sort` confronta il primo elemento, la lunghezza, mentre il secondo elemento viene preso in considerazione solo se necessario per superare i casi in cui la lunghezza sia la stessa. L'argomento `reverse = True` imposta l'esecuzione di `sort` in ordine decrescente.

Il secondo ciclo scorre l'elenco di tuple e crea un elenco delle parole in ordine decrescente di lunghezza. Le parole di quattro caratteri sono ordinate in ordine alfabetico *inverso*: "what" apparirà prima di "soft" nell'elenco che segue.

L'output del programma è il seguente:

```
['yonder', 'window', 'breaks', 'light', 'what',
'soft', 'but', 'in']
```

Ovviamente i versi perdono molto del loro impatto poetico quando sono trasformati in una lista di parole ordinate in ordine di lunghezza decrescente.

10.3   Assegnazione di tupla

Una delle caratteristiche sintattiche uniche del linguaggio Python è la possibilità di avere una tupla sul lato sinistro di un'istruzione di assegnazione. Ciò consente di assegnare più di una variabile alla volta quando il lato sinistro è una sequenza.

In questo esempio abbiamo un elenco di due elementi (quindi una sequenza) e assegniamo il primo e il secondo elemento della sequenza alle variabili x e y con una singola istruzione.

```
>>> m = [ 'have', 'fun' ]
>>> x, y = m
>>> x
'have'
>>> y
'fun'
>>>
```

Non si tratta di magia: Python traduce *approssimativamente* la sintassi dell'assegnazione della tupla come segue: ^ [Python non traduce la sintassi alla lettera. Ad esempio, se provate a fare la stessa cosa con un dizionario, non funzionerà come previsto.]

```
>>> m = [ 'have', 'fun' ]
>>> x = m[0]
>>> y = m[1]
>>> x
'have'
>>> y
'fun'
>>>
```

Da un punto di cista meramente stilistico, solitamente quando viene utilizzata una tupla sul lato sinistro dell'istruzione di assegnazione non vengono utilizzate le parentesi. In ogni caso la sintassi seguente è altrettanto valida:

```
>>> m = [ 'have', 'fun' ]
>>> (x, y) = m
>>> x
'have'
```

```
>>> y
'fun'
>>>
```

Un'applicazione particolarmente ingegnosa dell'assegnazione di tuple ci consente di *scambiare* i valori di due variabili con una singola istruzione:

```
>>> a, b = b, a
```

Entrambi i lati di questa istruzione sono tuple: sul lato sinistro c'è una tupla di variabili, nel lato destro c'è una tupla di espressioni. Ogni valore sul lato destro viene assegnato alla rispettiva variabile sul lato sinistro. Tutte le espressioni sul lato destro sono valutate prima di qualsiasi assegnazione.

Il numero di variabili a sinistra e il numero di valori a destra devono essere uguali:

```
>>> a, b = 1, 2, 3
ValueError: too many values to unpack
```

Più in generale, il lato destro può contenere un qualsiasi tipo di sequenza (stringa, elenco o tupla). Ad esempio, per suddividere un indirizzo email in nome utente e dominio, è possibile scrivere:

```
>>> addr = 'monty@python.org'
>>> uname, domain = addr.split('@')
```

Il valore restituito da `split` è un elenco composto da due elementi; il primo assegnato a `uname`, il secondo a `domain`.

```
>>> print(uname)
monty
>>> print(domain)
python.org
```

10.4 Dizionari e tuple

I dizionari supportano un metodo chiamato `items` che restituisce un elenco di tuple, in cui ogni tupla è una coppia chiave-valore:

```
>>> d = {'a':10, 'b':1, 'c':22}
>>> t = list(d.items())
>>> print(t)
[('b', 1), ('a', 10), ('c', 22)]
```

Come dovresti aspettarti da un dizionario, gli elementi non sono in un ordine particolare.

Tuttavia, poiché l'elenco di tuple è un elenco e le tuple sono comparabili, possiamo ordinare l'elenco di tuple. Convertire un dizionario in un elenco di tuple è un modo per far sì che sia possibile ordinare il contenuto di un dizionario in base a una chiave:

```
>>> d = {'a':10, 'b':1, 'c':22}
>>> t = list(d.items())
>>> t
[('b', 1), ('a', 10), ('c', 22)]
>>> t.sort()
>>> t
[('a', 10), ('b', 1), ('c', 22)]
```

Il nuovo elenco viene ordinato secondo un ordine alfabetico crescente del valore della chiave.

10.5   Assegnazione multipla con dizionari

Combinando items, assegnazione di tuple e for è possibile individuare un modello di codice molto carino che scorra le chiavi e i valori di un dizionario in un singolo ciclo:

```
for key, val in list(d.items()):
    print(val, key)
```

Questo ciclo ha due *variabili di iterazione*, perché items restituisce un elenco di **tuple** e **key, val** è un'assegnazione di tupla che successivamente si ripete nel dizionario attraverso ciascuna delle coppie chiave-valore.

Per ogni iterazione nel ciclo, sia **key** che **value** avanzano alla successiva coppia chiave-valore nel dizionario (sempre in ordine di hash). L'output di questo ciclo è:

```
10 a
22 c
1 b
```

Di nuovo, l'ordine è basato sul valore dell'hash (cioè, nessun ordine particolare).

Se combiniamo queste due tecniche, possiamo visualizzare il contenuto di un dizionario ordinato per il *valore* memorizzato in ciascuna coppia chiave-valore.

Per fare questo, prima dobbiamo creare un elenco di tuple in cui ogni tupla è (valore, chiave). Il metodo items ci fornisce un elenco di tuple (chiave, valore), che questa volta vogliamo ordinare per valore e non per chiave. Una volta creato l'elenco con le tuple chiave-valore è semplice ordinare l'elenco in ordine inverso e visualizzare il nuovo elenco.

```
>>> d = {'a':10, 'b':1, 'c':22}
>>> l = list()
>>> for key, val in d.items() :
...     l.append( (val, key) )
...
>>> l
[(10, 'a'), (22, 'c'), (1, 'b')]
```

```
>>> l.sort(reverse=True)
>>> l
[(22, 'c'), (10, 'a'), (1, 'b')]
>>>
```

Costruendo attentamente l'elenco di tuple in modo da avere il valore come primo elemento di ogni tupla possiamo ordinare l'elenco di tuple in base al valore.

10.6 Le parole più comuni

Torniamo al testo di *Romeo e Giulietta* Atto 2 - Scena 2: in questo modo possiamo implementare il nostro programma per utilizzare questa tecnica per visualizzare le dieci parole più comuni contenute nel testo:

```
import string
fhand = open('romeo-full.txt')
counts = dict()
for line in fhand:
    line = line.translate(str.maketrans('', '', string.punctuation))
    line = line.lower()
    words = line.split()
    for word in words:
        if word not in counts:
            counts[word] = 1
        else:
            counts[word] += 1

# Sort the dictionary by value
lst = list()
for key, val in list(counts.items()):
    lst.append((val, key))

lst.sort(reverse=True)

for key, val in lst[:10]:
    print(key, val)

# Code: http://www.py4e.com/code3/count3.py
```

La prima parte del programma, quella che analizza il file e produce il dizionario che associa ogni parola al numero di volte che viene ripetuta nel testo, è rimasta invariata. Ora, piuttosto che visualizzare semplicemente i "conteggi" e terminare il programma, costruiamo un elenco di tuple "(val, key)" che poi ordineremo in ordine inverso.

Dato che il valore è a sinistra, verrà utilizzato per i confronti. Se è presente più di una tupla con lo stesso valore, verrà esaminato il secondo elemento (la chiave), in altre parole le tuple con lo stesso valore verranno ordinate in ordine alfabetico della chiave.

Alla fine scriviamo un bel ciclo `for` che esegue un'iterazione di assegnazione multipla e visualizza le dieci parole più comuni ripetendo una parte dell'elenco (`lst[:10]`).

Ora l'output sembra finalmente quello che vorremmo per la nostra analisi della frequenza delle parole.

```
61 i
42 and
40 romeo
34 to
34 the
32 thou
32 juliet
30 that
29 my
24 thee
```

Il fatto che questa complessa analisi dei dati possa essere eseguita con un programma Python di 19 righe di facile comprensione è una delle ragioni per cui Python è un buon candidato quale linguaggio per l'esplorazione delle informazioni.

10.7   Usare tuple come chiavi nei dizionari

dato che le tuple sono *hashabili*, a differenza degli elenchi, se vogliamo creare una chiave *composta* da usare in un dizionario dobbiamo utilizzare una tupla.

Abbiamo bisogno di una chiave composta per creare una rubrica telefonica che associ le coppie cognome/nome a numeri di telefono. Supponendo di aver definito le variabili `last`, `first` e `number`, potremmo scrivere un'istruzione di assegnazione del dizionario come la seguente:

```
directory[last,first] = number
```

L'espressione tra parentesi quadre è una tupla. Potremmo usare l'assegnazione della tupla in un ciclo `for` per scorrere questo dizionario.

```
for last, first in directory:
    print(first, last, directory[last,first])
```

Questo ciclo scorre le chiavi in `directory`, che in realtà sono tuple. Assegna poi gli elementi di ciascuna tupla alle variabili `last` e `first`, infine visualizza il nome e il numero di telefono corrispondente.

10.8   Sequenze: stringhe, elenchi e tuple - Oh cavolo!

Ci siamo concentrati su elenchi di tuple, ma quasi tutti gli esempi in questo capitolo funzionano anche con elenchi di elenchi, tuple di tuple e tuple di elenchi. Per evitare di elencare le possibili combinazioni a volte è più semplice parlare di sequenze di sequenze.

In molti casi, i diversi tipi di sequenze (stringhe, elenchi e tuple) possono essere utilizzati in modo intercambiabile. Quindi come e perché sceglierne uno rispetto agli altri?

Ovviamente, le stringhe sono più limitate di altre sequenze perché gli elementi devono essere caratteri, per di più immutabili. Se hai bisogno della possibilità di cambiare i caratteri in una stringa (invece di crearne una nuova), potresti piuttosto usare un elenco di caratteri.

Gli elenchi sono usati più frequentemente delle tuple soprattutto perché sono modificabili. Ma ci sono alcuni casi in cui sono preferibili le tuple:

1. In alcuni contesti, come in un'istruzione **return**, è sintatticamente più semplice creare una tupla anziché un elenco. In altri contesti potrebbe essere preferibile un elenco.
2. Se devi utilizzare una sequenza come chiave di un dizionario, è necessario utilizzare un tipo immutabile le tuple o le stringhe.
3. Se devi passare una sequenza come argomento di una funzione, l'utilizzo di tuple riduce le possibilità di comportamenti imprevisti dovuti agli alias.

Poiché le tuple sono immutabili, non sono disponibili metodi come **sort** e **reverse**, che possono modificare elenchi esistenti. Comunque Python ti mette a disposizione le funzioni integrate **sorted** e **reversed**, che accettano qualsiasi sequenza come parametro e restituiscono una nuova sequenza composta dagli stessi elementi ordinati diversamente.

10.9 Debug

Elenchi, dizionari e tuple sono conosciuti genericamente come *strutture di dati*. In questo capitolo abbiamo iniziato ad esaminare strutture di dati composte, come elenchi di tuple o dizionari che contengono tuple come chiavi ed elenchi come valori. Le strutture di dati composti sono utili ma sono soggette a ciò che chiamiamo *errori di formato*: errori, cioè, causati dal fatto che una struttura di dati è di tipo, dimensione o struttura sbagliati. Capita che mentre scrivi codice ti possa dimenticare del formato dei dati e possa introdurre un errore.

Ad esempio, un programma che si aspetta un elenco contenente un numero intero e tu gli passi un intero puro e semplice (non incluso in un elenco), ti darà errore.

Quando esegui il debug di un programma, specialmente se stai lavorando su un bug particolarmente ostico, ci sono quattro cose da provare:

lettura esamina il tuo codice, rileggilo a te stesso e controlla che faccia quello che volevi facesse.

esecuzione sperimenta apportando modifiche e eseguendo versioni diverse. Spesso se indichi la cosa giusta nel posto giusto del programma, il problema diventa ovvio. A volte dovrai passare un po' di tempo per costruire un'impalcatura (scaffolding).

riflessione: prenditi un po' di tempo per pensare di che tipo di errore parliamo: sintassi, runtime, semantica? Quali informazioni puoi ottenere dai messaggi di errore o dall'output del programma? Che tipo di errore potrebbe causare il problema che stai osservando? Cosa hai cambiato per ultimo, prima che apparisse il problema?

ritirata a volte la cosa migliore da fare è tornare indietro, annullare le modifiche recenti, fino a quando non torni a un programma funzionante e che comprendi, da cui iniziare la ricostruzione.

Gli sviluppatori principianti a volte rimangono bloccati in una di queste attività, dimenticando le altre. Ognuna di queste attività ha il suo modo di portarti al disastro.

Ad esempio, leggere il codice potrebbe essere d'aiuto se il problema è un errore tipografico, ma non serve se il problema è un errore concettuale. Se non capisci cosa fa esattamente il tuo programma, puoi leggerlo 100 volte e non vedere mai l'errore, perché l'errore è nella tua testa.

Fare esperimenti può essere d'aiuto, specialmente se si eseguono test semplici e circoscritti. Ma se fai esperimenti senza pensare o leggere il tuo codice, potresti cadere in uno schema che chiamo **"programmazione per mezzo di una passeggiata aleatoria"** che consiste nel processo di apportare modifiche casuali fino a quando il programma non fa la cosa giusta. Inutile dire che questo tipo di attività può richiedere molto tempo.

Devi trovare il tempo per pensare. Il debug è come una scienza sperimentale. Dovresti almeno formulare un'ipotesi su quale sia il problema. Se ci sono due o più possibilità, prova a pensare a un test che ne elimini una.

Prendersi una pausa aiuta a pensare, proprio come parlarne. Se spieghi il problema a qualcun altro (o anche a te stesso), spesso capita di trovare la risposta prima di finire la domanda.

Anche le migliori tecniche di debug falliranno se ci sono troppi errori o se il codice che stai cercando di risolvere è troppo grande e complesso. A volte l'opzione migliore è ritirarsi, semplificando il programma fino ad arrivare a qualcosa che funziona e che riesci a capire.

I programmatori principianti sono spesso riluttanti a ritirarsi perché non sopportano di eliminare una riga di codice (anche se è sbagliata). Se ti fa sentire meglio, copia il tuo programma in un altro file prima di iniziare a ridurlo a pezzi, sarà poi possibile di nuovo rimettere insieme i pezzi un po' alla volta.

Per trovare e correggere un bug particolarmente ostico occorre leggere, correre, riflettere e talvolta ritirarsi. Se rimani impantanato in una di queste attività, prova a passare alle altre.

10.10   Glossario

Comparabile Un tipo di dato di cui è possibile controllare il valore per vedere se è maggiore, minore o uguale a un altro dello stesso tipo. I tipi che sono comparabili possono essere messi in un elenco e ordinati.

Struttura di dati Una raccolta di valori correlati, spesso organizzati in elenchi, dizionari, tuple, ecc.

DSU Abbreviazione di "decorare-ordinare-rimuovere la decorazione", un modello che comporta la creazione di un elenco di tuple, il successivo ordinamento e l'estrazione parziale del risultato.

Gather L'operazione di assemblaggio di una tupla di argomenti a lunghezza variabile.

Hashabile Un tipo di dato a cui è applicabile una funzione di hash. I tipi immutabili come gli interi, virgola mobile e stringhe sono hashabili, mentre quelli mutabili come gli elenchi e i dizionari non lo sono.

Scatter L'operazione di trattare una sequenza come un elenco di argomenti.

Formato (di una struttura dati) Un riepilogo del tipo, delle dimensioni e della composizione di una struttura di dati.

Singleton Un elenco (o altra sequenza) composto da un singolo elemento.

Tupla Una sequenza immutabile di elementi.

Assegnazione di tupla Una assegnazione con una sequenza sul lato destro e una tupla di variabili sul lato sinistro. Il lato destro viene valutato e quindi i suoi elementi vengono assegnati alle variabili di sinistra.

10.11 Esercizi

Esercizio 1: Rivedi uno degli script precedenti nel modo seguente: leggi e analizza le righe contenenti "From" ed estrai gli indirizzi dalla riga. Conta il numero di messaggi provenienti da ogni persona usando un dizionario. Dopo aver letto tutti i dati, visualizza la persona con il maggior numero di occorrenze creando un elenco di tuple (count, email) dal dizionario. Quindi ordina l'elenco in ordine inverso e visualizza la persona che ha il maggior numero di occorrenze.

```
Esempio di riga:
From stephen.marquard@uct.ac.za Sat 5 Jan 09:14:16 2008
Inserire un nome per il file: mbox-short.txt
cwen@iupui.edu 5

Immettere un nome file: mbox.txt
zqian@umich.edu 195
```

Esercizio 2: Questo programma conta la distribuzione delle ore del giorno in cui è stato spedito ciascuno dei messaggi. Puoi estrarre l'ora dalla riga "From" trovando la stringa dell'orario e quindi suddividendo quella stringa usando il carattere dei due punti. Dopo aver registrato i conteggi per ogni timestamp, visualizzali, uno per riga, ordinandoli in base all'ora come mostrato di seguito.

Esempio di esecuzione:

```
python timeofday.py
Enter a file name: mbox-short.txt
04 3
06 1
07 1
09 2
```

```
10 3
11 6
14 1
15 2
16 4
17 2
18 1
19 1
```

Esercizio 3: Scrivi un programma che legga un file e visualizzi *le lettere* in ordine di frequenza decrescente. Il tuo programma dovrebbe convertire tutti gli input in lettere minuscole e contare solo le lettere dalla a alla z. Il programma non dovrebbe contare spazi, cifre, segni di punteggiatura o altro oltre alle lettere dalla a alla z. Trova esempi di testo in diverse lingue e scopri come varia la frequenza delle lettere in base alla lingua in esame. Confronta i risultati con le tabelle presenti in wikipe dia.org/wiki/Letter_frequencies.

Capitolo 11

Espressioni regolari

Finora abbiamo letto file, cercato modelli ed estratto porzioni di righe ritenute interessanti. Abbiamo usato metodi di stringa come `split` e `find`, o il frazionamento di elenchi e stringhe per estrarre parti delle righe.

la funzione di ricerca ed estrazione è talmente popolare che è stata sviluppata per Python la libreria *espressoni regolari* che gestisce con grande eleganza molte di queste attività. La ragione per cui non abbiamo presentato prima le espressioni regolari nel libro è perché, sebbene siano molto potenti, sono un po' complicate e il padroneggiare la loro sintassi richiede del tempo.

Le espressioni regolari sono quasi un piccolo linguaggio di programmazione dedicato alla ricerca e l'analisi delle stringhe. In effetti sono stati scritti interi libri sul tema delle espressioni regolari. In questo capitolo, parleremo solo delle basi delle espressioni regolari. Per maggiori dettagli sulle espressioni regolari, consulta:

http://en.wikipedia.org/wiki/Regular_expression

https://docs.python.org/3.5/library/re.html

La libreria delle espressioni regolari `re` deve essere importata nel tuo programma prima che tu possa usarla. L'uso più semplice della libreria di espressioni regolari è la funzione `search()`. Questo programma presenta un uso banale della funzione di ricerca:

```
# Search for lines that contain 'From'
import re
hand = open('mbox-short.txt')
for line in hand:
    line = line.rstrip()
    if re.search('From:', line):
        print(line)

# Code: http://www.py4e.com/code3/re01.py
```

Il file viene aperto e viene letta ogni riga tramite un ciclo in cui viene utilizzata l'espressione regolare `search()` per visualizzare solo che contengono la stringa "From:". Questo programma non sfrutta il vero potere delle espressioni regolari:

avremmo potuto usare altrettanto facilmente `line.find()` per ottenere lo stesso risultato.

La potenza delle espressioni regolari viene raggiunta quando utilizzi i caratteri speciali nella stringa di ricerca che ti consentono di controllare con più precisione quali righe corrispondono alla stringa di ricerca. L'aggiunta di questi caratteri speciali alla nostra espressione regolare ci consente di eseguire abbinamenti ed estrazioni sofisticate tramite la stesura di un codice molto ridotto.

Ad esempio, l'accento ˆ viene utilizzato nelle espressioni regolari per trovare l'inizio di una riga. Potremmo modificare il nostro script per confrontare solo le righe in cui "From:" si trova all'inizio della riga, proprio come nell'esempio seguente:

```
# Search for lines that start with 'From'
import re
hand = open('mbox-short.txt')
for line in hand:
    line = line.rstrip()
    if re.search('^From:', line):
        print(line)

# Code: http://www.py4e.com/code3/re02.py
```

Ora lavora solo le righe che *iniziano con* la stringa "From:". Questo è un esempio molto elementare che avremmo potuto riprodurre utilizzando con il metodo `startswith()` incluso nella libreria delle stringhe. Ma serve per introdurre il concetto secondo cui le espressioni regolari possono contenere caratteri speciali che ci danno più controllo su ciò che confronterà l'espressione regolare.

11.1 Confronto di caratteri nelle espressioni regolari

Hai a disposizione un certo numero di caratteri speciali che ti permettono di costruire espressioni regolari molto potenti. Il carattere speciale più comunemente usato è il punto (.), che corrisponde a un qualsiasi carattere.

Nell'esempio seguente, l'espressione regolare "F..m:" indica una qualsiasi stringa, come ad esempio "From:", "Fxxm:", "F12m:" o "F!@m:", data la presenza di due punti consecutivi (..).

```
# Search for lines that start with 'F', followed by
# 2 characters, followed by 'm:'
import re
hand = open('mbox-short.txt')
for line in hand:
    line = line.rstrip()
    if re.search('^F..m:', line):
        print(line)

# Code: http://www.py4e.com/code3/re03.py
```

È una funzione particolarmente potente se combinata con la capacità di indicare che un carattere può essere ripetuto un numero qualsiasi di volte inserendo i caratteri "*" o "+" nell'espressione regolare. Questi caratteri speciali fanno sì che invece di corrispondere a un singolo carattere nella stringa di ricerca, corrispondono a zero o più caratteri (nel caso dell'asterisco) o uno o più caratteri (nel caso del segno più).

Possiamo ridurre ulteriormente le righe da controllare usando un carattere *wild card* ripetuto, come nel seguente esempio:

```
# Search for lines that start with From and have an at sign
import re
hand = open('mbox-short.txt')
for line in hand:
    line = line.rstrip()
    if re.search('^From:.+@', line):
        print(line)

# Code: http://www.py4e.com/code3/re04.py
```

La stringa di ricerca "^From:.+@" restringe l'analisi alle righe che iniziano con correttamente alle righe che iniziano con "From:", seguite da uno o più caratteri (".+"), dal carattere chiocciola, come nell'esempio seguente:

From:stephen.marquard@uct.ac.za

Puoi pensare al carattere wildcard ".+" come all'estensione del controllo di tutti i caratteri inclusi tra i due punti e la chiocciola.

From :.+ @

È bene pensare ai caratteri più e asterisco come "invadenti". Ad esempio, la stringa seguente corrisponderebbe all'ultimo carattere chiocciola mentre ".+" andrebbe oltre, come mostrato di seguito:

From: stephen.marquard@uct.ac.za, csev@umich.edu, e cwen @iupui.edu

È possibile far sì che l'asterisco o il segno più non siano così "avidi" aggiungendo un altro carattere. Fai riferimento alla documentazione dettagliata per informazioni su come disattivare questo avido comportamento.

11.2 Estrazione dei dati utilizzando le espressioni regolari

Se vogliamo estrarre dei dati da una stringa in Python possiamo usare il metodo `findall()` per selezionare tutte le sottostringhe che corrispondono a un'espressione regolare. Pensiamo, ad esempio, di voler estrarre qualsiasi cosa che assomigli ad un indirizzo email da qualsiasi riga indipendentemente dalla posizione. Ad esempio vogliamo estrarre gli indirizzi email contenuti in ognuna delle seguenti righe:

```
From stephen.marquard@uct.ac.za Sat Jan  5 09:14:16 2008
```

```
Return-Path: <postmaster@collab.sakaiproject.org>
        for <source@collab.sakaiproject.org>;
Received: (from apache@localhost)
Author: stephen.marquard@uct.ac.za
```

Chiaramente non vogliamo scrivere del codice per ciascun caso suddividendo e segmentando in modo diverso ogni riga. Questo programma seguente usa `findall()` per trovare le righe contenenti al loro interno indirizzi e-mail e ne estraggano quest'ultima.

```
import re
s = 'A message from csev@umich.edu to cwen@iupui.edu about meeting @2PM'
lst = re.findall('\S+@\S+', s)
print(lst)
```

```
# Code: http://www.py4e.com/code3/re05.py
```

Il metodo `findall()` ricerca la stringa nel secondo argomento e restituisce un elenco di tutte le stringhe che sembrano indirizzi email. Stiamo usando una sequenza di due caratteri che corrisponde a un carattere diverso da spazio (\S). L'output dello script sarà:

```
['csev@umich.edu', 'cwen@iupui.edu']
```

Parafrasando l'espressione regolare stiamo cercando delle sottostringhe con almeno un carattere diverso da spazio seguito da un carattere chiocciola e da almeno un altro carattere diverso dallo spazio. ""S+" corrisponde a quanti più caratteri possibile diversi dallo spazio.

L'espressione regolare ha trovato due corrispondenze (csev@umich.edu e cwen@iupui.edu), ma ha scartato la stringa "@2PM" perché non sono presenti caratteri diversi dallo spazio *prima* del carattere chiocciola. Possiamo usare questa espressione regolare in un programma per leggere tutte le righe di un file e visualizzare qualsiasi cosa simile ad un indirizzo email come nell'esempio seguente:

```
# Search for lines that have an at sign between characters
import re
hand = open('mbox-short.txt')
for line in hand:
    line = line.rstrip()
    x = re.findall('\S+@\S+', line)
    if len(x) > 0:
        print(x)
```

```
# Code: http://www.py4e.com/code3/re06.py
```

Viene letta ogni riga e quindi estratte tutte le sottostringhe che corrispondono alla nostra espressione regolare. Poiché `findall()` restituisce un elenco, controlliamo se il numero di elementi nel nostro elenco è maggiore di zero per visualizzare solo le righe in cui abbiamo trovato almeno una sottostringa che somigli ad un indirizzo email.

Se utilizziamo il programma con `mbox.txt` otterremo il seguente risultato:

```
['wagnermr@iupui.edu']
['cwen@iupui.edu']
['<postmaster@collab.sakaiproject.org>']
['<200801032122.m03LMFo4005148@nakamura.uits.iupui.edu>']
['<source@collab.sakaiproject.org>;']
['<source@collab.sakaiproject.org>;']
['<source@collab.sakaiproject.org>;']
['apache@localhost)']
['source@collab.sakaiproject.org;']
```

Alcuni degli indirizzi email presentano all'inizio o alla fine caratteri non corretti come "<" o ";". Ora dobbiamo indicare che siamo interessati solo alle stringhe che iniziano e finiscono con una lettera o un numero.

Per fare ciò sfruttiamo un'altra caratteristica delle espressioni regolari: le parentesi quadre. Queste vengono utilizzate per indicare un insieme di più caratteri accettabili che siamo disposti a considerare corrispondenti. In un certo senso, "'S" chiede di confrontare l'insieme di "caratteri diversi dallo spazio". Ora saremo un po' più espliciti in termini di caratteri che confronteremo.

Ecco la nostra nuova espressione regolare:

```
[a-zA-Z0-9]\S*@\S*[a-zA-Z]
```

Sta diventando tutto un po' complicato e puoi iniziare a capire perché le espressioni regolari vanno considerate loro stesse un piccolo linguaggio. Per tradurre questa espressione regolare: cerchiamo sottostringhe che inizino con una *singola* lettera minuscola o maiuscola o un numero "[a-zA-Z0-9]", seguito da zero o più caratteri non vuoti ("'S*"), da una chiocciola, da zero o più caratteri non vuoti ("'S*"), da una lettera maiuscola o minuscola. Nota che siamo passati da"+" a "*" per indicare zero o più caratteri non vuoti dato che "[a-zA-Z0-9]" è già considerato un carattere non vuoto. Ricorda che "*" o "+" si applicano al singolo carattere immediatamente a sinistra del segno stesso.

Se usiamo questa espressione nel nostro programma, i nostri dati appariranno molto più puliti:

```
# Search for lines that have an at sign between characters
# The characters must be a letter or number
import re
hand = open('mbox-short.txt')
for line in hand:
    line = line.rstrip()
    x = re.findall('[a-zA-Z0-9]\S+@\S+[a-zA-Z]', line)
    if len(x) > 0:
        print(x)

# Code: http://www.py4e.com/code3/re07.py
```

```
...
['wagnermr@iupui.edu']
['cwen@iupui.edu']
['postmaster@collab.sakaiproject.org']
['200801032122.m03LMFo4005148@nakamura.uits.iupui.edu']
['source@collab.sakaiproject.org']
['source@collab.sakaiproject.org']
['source@collab.sakaiproject.org']
['apache@localhost']
```

Nota che "source@collab.sakaiproject.org", la nostra espressione regolare ha eliminato due lettere (">;") alla fine delle stringhe. Questo perché quando accodiamo
"[a-zA-Z]" alla fine della nostra espressione regolare, vogliamo che qualsiasi stringa
trovata debba terminare con una lettera. In altre parole, il carattere " '>' " dopo
"sakaiproject.org>;" viene ignorato perchè il sistema si ferma sull'ultima lettera
che rispetti i parametri di ricerca (ovvero "g" è l'ultima corrispondenza valida).
Ricorda inoltre che l'output del programma è un elenco composto da un'unica.

11.3   Combinare ricerca ed estrazione

Immagina che si debbano trovare i numeri contenuti nelle righe che iniziano con
"X-" come, ad esempio:

```
X-DSPAM-Confidence: 0.8475
X-DSPAM-Probability: 0.0000
```

insomma non vogliamo i numeri in virgola mobile provenienti da una qualsiasi riga;
vogliamo soltanto i numeri contenuti nelle righe che hanno la sintassi sopra indicata.
Possiamo costruire la seguente espressione regolare per selezionare le righe che ci
interessano:

```
^X-.*: [0-9.]+
```

In altre parole, stiamo dicendo al pc che stiamo cercando le righe che iniziano con
"X-", seguite da zero o più caratteri (".*"), da due punti (":") e da uno spazio.
Dopo lo spazio, cerchiamo uno o più caratteri numerici (0-9) o un punto "[0-9.]+".
Nota che all'interno delle parentesi quadre il punto corrisponde a un punto (in
altre parole non è un carattere wildcard tra parentesi quadre).

Questa è un'espressione molto stringente che corrisponderà quasi solo alle righe
che ci interessano:

```
# Search for lines that start with 'X' followed by any non
# whitespace characters and ':'
# followed by a space and any number.
# The number can include a decimal.
import re
hand = open('mbox-short.txt')
for line in hand:
```

```
    line = line.rstrip()
    if re.search('^X\S*: [0-9.]+', line):
        print(line)
```

Code: http://www.py4e.com/code3/re10.py

Quando eseguirai il programma, vedrai che verranno visualizzate solo le righe che stiamo cercando.

```
X-DSPAM-Confidence: 0.8475
X-DSPAM-Probability: 0.0000
X-DSPAM-Confidence: 0.6178
X-DSPAM-Probability: 0.0000
```

Ora dobbiamo risolvere il problema dell'estrazione dei numeri. Anche se sarebbe abbastanza semplice usare **split**, possiamo sfruttare un'altra caratteristica delle espressioni regolari per cercare e analizzare allo stesso tempo le righe.

Le parentesi sono considerate un altro carattere speciale nelle espressioni regolari. Se aggiungi le parentesi a un'espressione regolare, queste vengono ignorate durante le operazioni di ricerca delle stringhe. Se però utilizzi **findall()**, le parentesi indicano che non solo vuoi effettuare una ricerca, ma vuoi estrarre la porzione di riga che corrisponde all'espressione regolare.

Apportiamo ora la seguente modifica al nostro script:

```
# Search for lines that start with 'X' followed by any
# non whitespace characters and ':' followed by a space
# and any number. The number can include a decimal.
# Then print the number if it is greater than zero.
import re
hand = open('mbox-short.txt')
for line in hand:
    line = line.rstrip()
    x = re.findall('^X\S*: ([0-9.]+)', line)
    if len(x) > 0:
        print(x)
```

Code: http://www.py4e.com/code3/re11.py

Invece di utilizzare **search()**, aggiungendo le parentesi attorno alla parte dell'espressione regolare che rappresenta il numero in virgola mobile, vogliamo che **findall()** ci restituisca solo la parte in virgola mobile della stringa confrontata.

L'output di questo programma sarà il seguente:

```
['0.8475']
['0.0000']
['0.6178']
['0.0000']
['0.6961']
['0.0000']
..
```

Anche se i numeri sono ancora parte di un elenco e devono essere convertiti da stringhe a numeri in virgola mobile, grazie al potere delle espressioni regolari abbiamo potuto cercare ed estrarre le informazioni che ci interessano.

Voglio farti un altro esempio di questa tecnica: se dai un'occhiata al file, vedrai un certo numero di righe simili alla seguente:

Details: http://source.sakaiproject.org/viewsvn/?view=rev&rev=39772

Se volessimo estrarre tutti i numeri delle versioni (i numeri interi alla fine della riga) utilizzando la tecnica precedente, potremmo scrivere lo script seguente:

```
# Search for lines that start with 'Details: rev='
# followed by numbers and '.'
# Then print the number if it is greater than zero
import re
hand = open('mbox-short.txt')
for line in hand:
    line = line.rstrip()
    x = re.findall('^Details:.*rev=([0-9.]+)', line)
    if len(x) > 0:
        print(x)

# Code: http://www.py4e.com/code3/re12.py
```

Lasciami tradurre la nostra espressione regolare: stiamo cercando le righe che iniziano con "Details:", seguito da un numero qualsiasi di caratteri (".*"), seguito da "rev=", e quindi da una o più cifre. Vogliamo trovare le righe che combacino con l'intera espressione ma deve essere estratto il numero intero presente alla fine della riga, come indicato da "[0-9] +" racchiuso tra parentesi. Quando eseguiamo il programma, otteniamo il seguente risultato:

```
['39772']
['39771']
['39770']
['39769']
...
```

Ricorda che "[0-9] +" è "avido" e tenta di includere quante più cifre nella stringa prima di estrarla. Questo comportamento "avido" è il motivo per cui otteniamo tutte e cinque le cifre per ogni numero. La libreria di espressioni regolari si espande in entrambe le direzioni fino a quando non incontra un carattere non numerico o l'inizio o la fine di una riga.

Ora puoi utilizzare le espressioni regolari per rifare un esercizio visto in precedenza in cui eravamo interessati all'ora del giorno di ciascuna mail. Abbiamo cercato questo tipo di righe:

```
From stephen.marquard@uct.ac.za Sat Jan  5 09:14:16 2008
```

ed in ognuna abbiamo estratto l'ora del giorno. In precedenza abbiamo utilizzato due chiamate a split: per prima cosa la riga è stata divisa in parole e poi abbiamo estratto la quinta parola e diviso nuovamente la riga al carattere due punti per tirare fuori i due caratteri che ci interessavano. Nonostante abbia funzionato, in realtà il nostro codice è piuttosto fragile: dato che presuppone che le righe siano ben formattate. Se dovessimo aggiungere un numero congruo di controlli degli errori (o un grande blocco try/except) per assicurarci che il programma non si blocchi quando incontra righe formattate in modo errato, il codice si espanderebbe di almeno 10-15 righe diventando piuttosto difficile da leggere.

Possiamo farlo in un modo molto più semplice tramite la seguente espressione regolare:

```
^From .* [0-9][0-9]:
```

Con questa espressione regolare stiamo cercando le righe che inizino con "From" (nota lo spazio), seguito da un numero qualsiasi di caratteri (".*"), poi da uno spazio, da due cifre "[0-9][0-9]", ed infine un carattere di due punti. Questa però è solo la definizione del tipo di righe che stiamo cercando.

Per estrarre l'ora abbiamo bisogno di utilizzare `findall()`, e di aggiungere le parentesi attorno alle due cifre come indicato qui sotto:

```
^From .* ([0-9][0-9]):
```

Ora possiamo scrivere il nostro script:

```python
# Search for lines that start with From and a character
# followed by a two digit number between 00 and 99 followed by ':'
# Then print the number if it is greater than zero
import re
hand = open('mbox-short.txt')
for line in hand:
    line = line.rstrip()
    x = re.findall('^From .* ([0-9][0-9]):', line)
    if len(x) > 0: print(x)

# Code: http://www.py4e.com/code3/re13.py
```

Una volta eseguito il programma, produrrà il seguente output:

```
['09']
['18']
['16']
['15']
...
```

11.4 Carattere Escape

Dato che utilizziamo caratteri speciali nelle espressioni regolari per indicare l'inizio o la fine di una riga o specificare i caratteri wild card, abbiamo bisogno di un modo per indicare che questi sono caratteri "normali" e vogliamo confrontarli con caratteri reali come il segno di dollaro o un accento circonflesso.

Possiamo indicare questa intenzione anteponendo backslash al carattere che ci interessa. Ad esempio, possiamo individuare gli importi in denaro tramite la seguente espressione regolare.

```
import re
x = 'We just received $10.00 for cookies.'
y = re.findall('\$[0-9.]+',x)
```

Dal momento che facciamo precedere backslash al simbolo del dollaro, questo verrà interpretato come simbolo del dollaro anziché "fine della riga". Il resto dell'espressione regolare corrisponderà a una o più cifre o al carattere del punto.

Nota: All'interno di parentesi quadre, i caratteri non sono considerati "speciali". Quindi quando diciamo "[0-9.]", indichiamo effettivamente numeri o il punto. Al di fuori delle parentesi quadre, il punto è visto come un carattere "wild card" che corrisponde a qualsiasi carattere. Te lo ripeto: all'interno delle parentesi quadre il punto è solo un punto.

11.5   Sommario

Anche se abbiamo solo scalfito la superficie del mondo delle espressioni regolari, ora hai un po' imparato la struttura del loro linguaggio. Sono stringhe di ricerca contenenti caratteri speciali che comunicano i tuoi desideri al sistema delle espressioni regolari definendo cosa è "coincidente" e cosa va estratto dalle stringhe corrispondenti.

Ecco alcuni di quei caratteri speciali e sequenze di caratteri:

^ Corrisponde all'inizio riga.

$ Corrisponde alla fine riga.

. Corrisponde a qualsiasi carattere (un carattere wild-card).

\s corrisponde a uno spazio.

\S corrisponde a un carattere diverso dallo spazio (opposto a \s).

* Si applica al carattere immediatamente precedente e indica zero o più dei ripetizioni dello stesso.

*? Si applica al carattere immediatamente precedente e indica zero o più dei ripetizioni dello stesso in "modalità non avida".

+ Si applica al carattere immediatamente precedente e indica uno o più dei caratteri precedenti.

+? Si applica al carattere immediatamente precedente e indica uno o più dei caratteri precedenti in "modalità non avida".

[aeiou] Corrisponde a un singolo carattere fintanto che quel carattere si trova nell'insieme specificato. In questo esempio, ricercherebbe "a", "e", "i", "o" o "u" e nessun altro carattere.

[a-z0-9] È possibile specificare intervalli di caratteri utilizzando il segno meno (-). In questo esempio si tratta di un singolo carattere che deve essere una lettera minuscola o una cifra.

[^A-Za-z] Quando il primo carattere nella notazione è un accento circonflesso, si inverte la logica. In questo esempio viene ricercato un qualsiasi singolo carattere *diverso da* una lettera maiuscola o minuscola.

() Quando le parentesi vengono aggiunte a un'espressione regolare vengono ignorate ai fini della ricerca, ma consentono di estrarre un particolare sottoinsieme della stringa desiderata, diversamente da quanto accade con `findall()` dove viene considerata l'intera riga.

\b Corrisponde alla stringa vuota ma solo all'inizio o alla fine di una parola.

\B Corrisponde alla stringa vuota ma non all'inizio o alla fine di una parola.

\d Corrisponde a qualsiasi cifra decimale compresa nell'insieme [0-9].

\D Corrisponde a qualsiasi carattere non numerico ed è equivalente al set [^0-9].

11.6 Sezione bonus per utenti Unix/Linux

Il supporto per la ricerca di file tramite espressioni regolari è stato incorporato nel sistema operativo Unix sin dagli anni '60 ed è disponibile, in una forma o in un'altra, in quasi tutti i linguaggi di programmazione.

Esiste infatti un programma a riga di comando incorporato in Unix chiamato *grep* (Generalized Regular Expression Parser) che funziona più o meno come mostrato negli esempi di `search()` di questo capitolo. Quindi se usi un sistema Macintosh o Linux, puoi provare questo comando nella finestra della riga di comando:

```
$ grep '^From:' mbox-short.txt
From: stephen.marquard@uct.ac.za
From: louis@media.berkeley.edu
From: zqian@umich.edu
From: rjlowe@iupui.edu
```

Grep mostra le righe che iniziano con la stringa "From:" presenti nel file `mbox-short.txt`. Quando farai un po' di pratica con il comando `grep` e studierai la sua documentazione, noterai alcune sottili differenze tra il funzionamento delle espressioni regolari in Python e in `grep`. Ad esempio, `grep` non supporta il carattere non vuoto "§", quindi per ottenere lo stesso risultato dovrai usare una notazione per gli insiemi leggermente più complessa: "[^]" che indica di individuare un carattere diverso da uno spazio.

11.7 Debug

Python è dotato di una documentazione integrata semplice e rudimentale che può essere molto utile se hai bisogno di un rapido aggiornamento per rinfrescare la memoria sul nome di un particolare metodo. Questa documentazione può essere

visualizzata in modalità interattiva nell'interprete Python. Tramite il comando
`help()`.

```
>>> help()

help> modules
```

Se sai già quale modulo vuoi utilizzare, puoi usare il comando `dir()` per ottenere
un elenco dei metodi disponibili nel modulo come nell'esempio sottostante:

```
>>> import re
>>> dir(re)
[.. 'compile', 'copy_reg', 'error', 'escape', 'findall',
'finditer', 'match', 'purge', 'search', 'split', 'sre_compile',
'sre_parse', 'sub', 'subn', 'sys', 'template']
```

Utilizzando il comando dir è inoltre possibile ottenere una documentazione ridotta
su uno specifico metodo.

```
>>> help (re.search)
Help on function search in module re:

search(pattern, string, flags=0)
    Scan through string looking for a match to the pattern, returning
    a match object, or None if no match was found.
>>>
```

La documentazione integrata non è molto ampia ma può essere comunque utile
quando hai fretta o non hai accesso a un browser Web o ad un motore di ricerca.

11.8   Glossario

Codice fragile Codice che funziona quando i dati di input sono in un formato
particolare ma è soggetto a malfunzionamenti se c'è qualche variazione rispetto al formato corretto. Lo chiamiamo "codice fragile" perché si "rompe"
facilmente.

Corrispondenza avida La nozione per indicare che in un'espressione regolare i
caratteri "+" e "*" si espandono verso l'esterno per corrispondere alla stringa
più grande possibile.

Grep Comando disponibile nella maggior parte dei sistemi Unix che permette la
ricerca nei file di testo di righe che soddisfino le espressioni regolari impostate dall'utente. Il nome del comando è l'acronimo di "Generalized Regular
Expression Parser".

Espressione regolare Linguaggio per impostare ricerche complesse di stringhe.
Un'espressione regolare può contenere caratteri speciali che indicano parametri come il focalizzare una ricerca solo all'inizio o alla fine di una riga e/o
molte altre funzionalità simili.

Wild-card Un carattere speciale che indica qualsiasi carattere. Nelle espressioni
regolari il carattere wild-card è il punto (.).

11.9 Esercizi

Esercizio 1: Scrivi un semplice programma che simuli il comportamento del comando **grep** di Unix. Fai che richieda all'utente l'inserimento di un'espressione regolare e poi ritorni il numero di righe che corrispondono alle specifiche della ricerca.

```
$ python grep.py
Enter a regular expression: ^Author
mbox.txt had 1798 lines that matched ^Author

$ python grep.py
Enter a regular expression: ^X-
mbox.txt had 14368 lines that matched ^X-

$ python grep.py
Enter a regular expression: java$
mbox.txt had 4218 lines that matched java$
```

Esercizio 2: Scrivi un programma per trovare le stringhe contenenti:

```
`New Revision: 39772`
```

provvedendo ad estrarre il numero da ciascuna tramite l'uso del metodo **findall()** e di una espressione regolare. Calcola e visualizza la media dei numeri.

```
Enter file:mbox.txt
38444.0323119

Enter file:mbox-short.txt
39756.9259259
```

Capitolo 12

Programmi per Internet

Molti degli esempi in questo libro si sono concentrati sulla lettura di file e sulla ricerca di dati al loro interno, ma in rete abbiamo molte altre fonti di informazione da cui attingere. In questo capitolo faremo finta di essere un browser Web e recupereremo le pagine Web utilizzando l'HyperText Transfer Protocol (HTTP). Quindi leggeremo ed analizzeremo i dati presenti in esse contenuti.

12.1 HyperText Transfer Protocol - HTTP

Il protocollo di rete su cui si basa il web è in realtà piuttosto semplice ed il supporto integrato di Python chiamato `sockets` rende molto facile creare connessioni di rete e ottenere i dati su questi socket.

Un *socket* è molto simile a un file, tranne per il fatto che un singolo socket prevede una connessione a due vie tra due programmi. Il dato scritto in un socket viene inviato all'altro programma collegato.

Se avvii un processo di scrittura nel socket, otterrai i dati inviati dall'altra applicazione.

Se provi a leggere un socket senza che il programma all'altra estremità abbia inviato alcun dato, potrai solo sederti e aspettare. Se entrambi i programmi collegati alle estremità di un socket semplicemente aspettano dati senza inviare nulla, probabilmente attenderanno per molto tempo.

Quindi una componente importante dei programmi che comunicano in Internet è l'avere un qualche tipo di protocollo. Un protocollo è un insieme di regole precise che determinano chi può spedire dati per primo, cosa fanno, e poi quali sono le risposte a un messaggio, chi invia il prossimo, e così via. In un certo senso le due applicazioni alle due estremità del socket stanno ballando insieme, facendo attenzione a non pestarsi i piedi l'un l'altro.

C'è un'ampia letteratura che descrive questi protocolli di rete. Ad esempio l'HyperText Transfer Protocol è descritto nel seguente:

http://www.w3.org/Protocols/rfc2616/rfc2616.txt

Avrai modo di vedere che è un documento lungo e complesso di 176 pagine contenente molti dettagli. Se lo trovi interessante, sentiti libero di leggerlo tutto. Per
ora, dai un'occhiata a pagina 36 di RFC2616 dove troverai la sintassi per la richiesta GET. Proviamo a richiedere un documento da un server web: colleghiamoci al
server `www.pr4e.org` sulla porta 80 e inviamo la seguente richiesta

```
GET http://data.pr4e.org/romeo.txt HTTP / 1.0
```

il cui secondo parametro indica la pagina web che stiamo richiedendo, inviamo
poi anche una riga vuota. Il server web risponderà con alcune informazioni di
intestazione riguardanti il documento, una riga vuota e il contenuto del documento
richiesto.

12.2   Il browser Web più semplice del mondo

Forse il modo più facile per mostrare come funziona il protocollo HTTP è scrivere
un semplice script Python che effettui una connessione a un server web e che,
seguendo le regole del protocollo HTTP, richieda un documento e visualizzi ciò che
il server ci restituisce.

```
import socket

mysock = socket.socket(socket.AF_INET, socket.SOCK_STREAM)
mysock.connect(('data.pr4e.org', 80))
cmd = 'GET http://data.pr4e.org/romeo.txt HTTP/1.0\r\n\r\n'.encode()
mysock.send(cmd)

while True:
    data = mysock.recv(512)
    if (len(data) < 1):
        break
    print(data.decode(),end='')

mysock.close()

# Code: http://www.py4e.com/code3/socket1.py
```

Per prima cosa il programma effettua una connessione alla porta 80 del server
www.py4e.com. Dato che il nostro programma sta impersonando un "browser
web", il protocollo HTTP prevede che il comando GET sia seguito da una riga
vuota.

Una volta inviata la riga vuota, scriviamo un ciclo che riceva dal socket dati in
blocchi da 512 caratteri e li visualizzi fino a quando non ci sono più dati da leggere
(cioè quando recv() restituisce una stringa vuota).

Il programma produrrà l'output seguente:

```
HTTP/1.1 200 OK
Date: Sun, 14 Mar 2010 23:52:41 GMT
Server: Apache
```

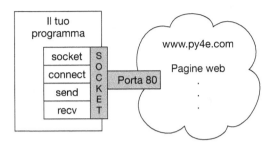

Figura 12.1: Connessione attraverso socket

```
Last-Modified: Tue, 29 Dec 2009 01:31:22 GMT
ETag: "143c1b33-a7-4b395bea"
Accept-Ranges: bytes
Content-Length: 167
Connection: close
Content-Type: text/plain

But soft what light through yonder window breaks
It is the east and Juliet is the sun
Arise fair sun and kill the envious moon
Who is already sick and pale with grief
```

L'output inizia con l'invio dell'intestazione dal server Web che descrive il documento. Ad esempio, l'intestazione `Content-Type` indica che il documento è un documento di testo (`text/plain`).

Dopo che il server ci ha fornito l'intestazione, viene mandata una riga vuota che indica la fine delle intestazioni e viene iniziato l'invio del file `romeo.txt`.

Questo esempio è servito per mostrarti come realizzare una connessione di rete di basso livello con un socket. I socket possono essere utilizzati per comunicare con un server Web, con un server di posta o con molti altri tipi di server. Tutto ciò che serve è trovare il documento che descrive il protocollo da utilizzare e scrivere il codice per inviare e ricevere i dati rispettando quanto indicato.

Dal momento che il protocollo più comunemente utilizzato è l'HTTP, Python è dotato di una libreria appositamente progettata per supportare il recupero di documenti e dati dal web.

12.3 Recupero di un'immagine tramite HTTP

Nell'esempio precedente abbiamo recuperato un semplice file di testo che conteneva dei "ritorni a capo" e abbiamo semplicemente visualizzato i dati sullo schermo durante la sua esecuzione. Possiamo usare un programma simile per recuperare un'immagine attraverso l'uso di HTTP. Invece di mostrare i dati sullo schermo mentre il programma viene eseguito, stavolta immagazziniamo i dati in una stringa, eliminiamo le intestazioni ed infine salviamo i dati dell'immagine in un file:

```python
import socket
import time

HOST = 'data.pr4e.org'
PORT = 80
mysock = socket.socket(socket.AF_INET, socket.SOCK_STREAM)
mysock.connect((HOST, PORT))
mysock.sendall(b'GET http://data.pr4e.org/cover3.jpg HTTP/1.0\r\n\r\n')
count = 0
picture = b""

while True:
    data = mysock.recv(5120)
    if (len(data) < 1): break
    time.sleep(0.25)
    count = count + len(data)
    print(len(data), count)
    picture = picture + data

mysock.close()

# Look for the end of the header (2 CRLF)
pos = picture.find(b"\r\n\r\n")
print('Header length', pos)
print(picture[:pos].decode())

# Skip past the header and save the picture data
picture = picture[pos+4:]
fhand = open("stuff.jpg", "wb")
fhand.write(picture)
fhand.close()

# Code: http://www.py4e.com/code3/urljpeg.py
```

Quando esegui il programma, otterrai il seguente output:

```
$ python urljpeg.py
2920 2920
1460 4380
1460 5840
1460 7300
...
1460 62780
1460 64240
2920 67160
1460 68620
1681 70301
Header length 240
```

```
HTTP/1.1 200 OK
Date: Sat, 02 Nov 2013 02:15:07 GMT
Server: Apache
Last-Modified: Sat, 02 Nov 2013 02:01:26 GMT
ETag: "19c141-111a9-4ea280f8354b8"
Accept-Ranges: bytes
Content-Length: 70057
Connection: close
Content-Type: image/jpeg
```

Noterai che l'intestazione di questo url, `Content-Type`, indica che il corpo del documento è un'immagine (`image/jpeg`). Al termine del programma, è possibile visualizzare l'immagine aprendo il file `stuff.jpg` con un visualizzatore di immagini.

Mentre il programma è in esecuzione potrai notare che non riceviamo solo 5120 caratteri ad ogni chiamata del metodo `recv()`: in realtà riceviamo il numero di caratteri trasferiti attraverso la rete dal server Web dalla chiamata di `recv()`. In questo esempio, abbiamo ottenuto 1460 o 2920 caratteri ogni volta che abbiamo richiesto fino a 5120 caratteri.

I risultati potrebbero variare a seconda della velocità della tua connessione. Ti prego di notare inoltre che nell'ultima chiamata a `recv()` otteniamo 1681 byte, la fine del flusso di dati, e nella successiva chiamata a `recv()` riceviamo una stringa di lunghezza zero che ci avvisa che il server ha chiamato `close()` al socket e non vi sono più dati in arrivo.

Possiamo rallentare le nostre successive chiamate `recv()` rimuovendo il segno di commento alla chiamata `time.sleep()`. In questo modo, possiamo ritardare di un quarto di secondo ogni chiamata per permettere al server di "anticiparci" e inviarci più dati prima di richiamare nuovamente `recv()`. Il programma ora si comporterà nel modo seguente:

```
$ python urljpeg.py
1460 1460
5120 6580
5120 11700
...
5120 62900
5120 68020
2281 70301
Header length 240
HTTP/1.1 200 OK
Date: Sat, 02 Nov 2013 02:22:04 GMT
Server: Apache
Last-Modified: Sat, 02 Nov 2013 02:01:26 GMT
ETag: "19c141-111a9-4ea280f8354b8"
Accept-Ranges: bytes
Content-Length: 70057
Connection: close
Content-Type: image/jpeg
```

Ora, tranne che nella prima e l'ultima chiamata a `recv()`, abbiamo ricevuto 5120 caratteri ad ogni richiesta di nuovi dati.

Tra le richieste **send()** inviate dal server e le richieste **recv()** provenienti dalla nostra applicazione c'è un buffer. Se il programma è con il delay attivo, il server potrebbe riempire il buffer del socket ed essere costretto a sospendere l'invio di ulteriori dati fino a quando il nostro script inizia a svuotare il buffer. La sospensione di invio o ricezione di dati viene chiamato "controllo di flusso".

12.4   Recupero di pagine Web con `urllib`

Anche se possiamo inviare e ricevere manualmente dati via HTTP utilizzando la libreria socket, esiste un modo molto più semplice per eseguire questa attività in Python appoggiandosi alla libreria `urllib`. `urllib` ti permette di trattare una pagina web come se fosse un file. Basta indicare quale pagina web si desidera recuperare e `urllib` gestisce tutti i dettagli del protocollo HTTP e dell'intestazione.

Il codice per leggere il file **romeo.txt** dal web usando `urllib` è il seguente:

```
import urllib.request

fhand = urllib.request.urlopen('http://data.pr4e.org/romeo.txt')
for line in fhand:
    print(line.decode().strip())
```

 # Code: http://www.py4e.com/code3/urllib1.py

Una volta che la pagina web è stata aperta con `urllib.urlopen`, possiamo trattarla come un file e leggerne il contenuto usando un ciclo `for`.

Quando il programma è in esecuzione, vediamo solo il contenuto del file. Le intestazioni che sono state inviate vengono rimosse dal `urllib` e vengono restituiti solo i dati.

```
But soft what light through yonder window breaks
It is the east and Juliet is the sun
Arise fair sun and kill the envious moon
Who is already sick and pale with grief
```

Ad esempio, possiamo scrivere un programma per recuperare **romeo.txt** e calcolare la frequenza di ogni parola presente nel file come rappresentato nel seguente script:

```
import urllib.request, urllib.parse, urllib.error

fhand = urllib.request.urlopen('http://data.pr4e.org/romeo.txt')

counts = dict()
for line in fhand:
    words = line.decode().split()
    for word in words:
        counts[word] = counts.get(word, 0) + 1
print(counts)
```

 # Code: http://www.py4e.com/code3/urlwords.py

Ancora una volta tengo a ripeterti che dopo aver avuto accesso alla pagina Web, possiamo leggerla come se si trattasse di un file locale.

12.5 Analisi dell'HTML e raccolta dati dal Web

Uno degli usi più comuni delle funzionalità di `urllib` è lo *scraping* dei contenuti presenti nel web. Con la parola *scraping* del Web ci riferiamo allo scrivere un programma che, fingendo di essere un browser Web, recuperi delle pagine, ne esamini i dati contenuti alla ricerca di precisi pattern.

Ad esempio, un motore di ricerca come Google esaminerà l'origine di una pagina Web, ne estrarrà i collegamenti ad altre pagine, le recupererà e ne estrarrà altri collegamenti e così via. Usando questa tecnica, gli *spider* di Google riescono a farsi strada attraverso quasi tutte le pagine sul web.

Google utilizza anche la frequenza dei link che trova in una determinata pagina per stabilire quanto sia "importante" quella pagina e quanto in alto debba apparire nei risultati di ricerca.

12.6 Analisi dell'HTML utilizzando le espressioni regolari

Un modo semplice per analizzare l'HTML consiste nell'utilizzare le espressioni regolari per cercare ed estrarre ripetutamente sottostringhe che corrispondono a un particolare pattern.

Ecco una semplice pagina web:

```
<h1>The First Page</h1>
<p>
If you like, you can switch to the
<a href="http://www.dr-chuck.com/page2.htm">
Second Page</a>.
</p>
```

Possiamo progettare un'espressione regolare per confrontare ed estrarre i valori del collegamento dal testo precedente come segue:

```
href="http://.+?"
```

La nostra espressione regolare va alla ricerca di stringhe che iniziano con "href="http://", seguito da uno o più caratteri (".+¿") e da altre doppie virgolette. Il punto interrogativo aggiunto al".+?" indica che il confronto deve essere fatto in un modo "non avido". Un confronto non avido cerca la stringa corrispondente *più piccola* possibile mentre un confronto avido cerca la stringa corrispondente *più grande* possibile.

Le parentesi aggiunte alla nostra espressione regolare indicano quale parte della stringa vorremmo estrarre.

Potremmo scrivere il seguente script:

```
# Search for lines that start with From and have an at sign
import urllib.request, urllib.parse, urllib.error
import re

url = input('Enter - ')
html = urllib.request.urlopen(url).read()
links = re.findall(b'href="(http://.*?)"', html)
for link in links:
    print(link.decode())

# Code: http://www.py4e.com/code3/urlregex.py
```

Il metodo `findall` fornisce un elenco di tutte le stringhe che corrispondono alla nostra espressione regolare, restituendoci solo il testo del link compreso tra le doppie virgolette.

Quando eseguiamo il programma, otteniamo il seguente risultato:

```
python urlregex.py
Enter - http://www.dr-chuck.com/page1.htm
http://www.dr-chuck.com/page2.htm


python urlregex.py
Enter - http://www.py4e.com/book.htm
http://www.greenteapress.com/thinkpython/thinkpython.html
http://allendowney.com/
http://www.py4e.com/code
http://www.lib.umich.edu/espresso-book-machine
http://www.py4e.com/py4inf-slides.zip
```

Le espressioni regolari funzionano molto bene quando il codice HTML è ben formattato e prevedibile. Ma dal momento che ci sono molte pagine HTML "danneggiate", una soluzione che utilizzi solo espressioni regolari potrebbe non riportare alcuni collegamenti validi o fornire dati non validi.

Questo problema può essere risolto utilizzando una robusta libreria per analisi HTML.

12.7   Analisi dell'HTML con BeautifulSoup

Esistono numerose librerie Python che possono aiutarti ad analizzare pagine HTML ed estrarne i dati. Dal momento che ciascuna di queste librerie ha punti di forza e di debolezza, dovrai sceglierle in base alle tue esigenze.

Nelle pagine seguenti eseguiremo delle semplici analisi su del codice HTML e ne estrarremo i collegamenti usando la libreria *BeautifulSoup*. Puoi scaricare la libreria BeautifulSoup da:

http://www.crummy.com/software/

Hai la possibilità di "installare" BeautifulSoup[1] o semplicemente salvare il file
BeautifulSoup.py nella stessa cartella dell'applicazione.

Anche se l'HTML ha molto in comune con il formato XML[2] e alcune pagine sono
scritte appositamente per essere codice XML, la maggior parte del codice HTML è
scritto in modi che fanno sì che un parser XML rigetti l'intera pagina di HTML in
quanto formattata in modo improprio. BeautifulSoup tollera codice HTML scritto
molto male consentendoti comunque di estrarre i dati di cui hai bisogno.

Useremo urllib per leggere una pagina e poi useremo BeautifulSoup per estrarre
gli attributi href dagli "anchor tags" (a).

```
# To run this, you can install BeautifulSoup
# https://pypi.python.org/pypi/beautifulsoup4

# Or download the file
# http://www.py4e.com/code3/bs4.zip
# and unzip it in the same directory as this file

import urllib.request, urllib.parse, urllib.error
from bs4 import BeautifulSoup
import ssl

# Ignore SSL certificate errors
ctx = ssl.create_default_context()
ctx.check_hostname = False
ctx.verify_mode = ssl.CERT_NONE

url = input('Enter - ')
html = urllib.request.urlopen(url, context=ctx).read()
soup = BeautifulSoup(html, 'html.parser')

# Retrieve all of the anchor tags
tags = soup('a')
for tag in tags:
    print(tag.get('href', None))

# Code: http://www.py4e.com/code3/urllinks.py
```

Il programma ti richiede un indirizzo Web, quindi: - ne apre la pagina Web, - ne
legge i dati e li passa al parser BeautifulSoup, - recupera tutti gli anchor tags, -
visualizza l'attributo href per ciascun tag.

Quando il programma viene eseguito visualizza quanto segue:

```
python urllinks.py
Enter - http://www.dr-chuck.com/page1.htm
http://www.dr-chuck.com/page2.htm
```

---

[1] Puoi utilizzare il comando "pip install beautifulsoup".
[2] Il formato XML verrà affrontato nel prossimo capitolo.

```
python urllinks.py
Enter - http://www.py4e.com/book.htm
http://www.greenteapress.com/thinkpython/thinkpython.html
http://allendowney.com/
http://www.si502.com/
http://www.lib.umich.edu/espresso-book-machine
http://www.py4e.com/code
http://www.py4e.com/
```

Puoi utilizzare BeautifulSoup per estrarre varie parti di ciascun tag come indicato nelle pagine seguenti:

```
# To run this, you can install BeautifulSoup
# https://pypi.python.org/pypi/beautifulsoup4

# Or download the file
# http://www.py4e.com/code3/bs4.zip
# and unzip it in the same directory as this file


from urllib.request import urlopen
from bs4 import BeautifulSoup
import ssl

# Ignore SSL certificate errors
ctx = ssl.create_default_context()
ctx.check_hostname = False
ctx.verify_mode = ssl.CERT_NONE

url = input('Enter - ')
html = urlopen(url, context=ctx).read()

# html.parser is the HTML parser included in the standard Python 3 library.
# information on other HTML parsers is here:
# http://www.crummy.com/software/BeautifulSoup/bs4/doc/#installing-a-parser
soup = BeautifulSoup(html, "html.parser")

# Retrieve all of the anchor tags
tags = soup('a')
for tag in tags:
    # Look at the parts of a tag
    print('TAG:', tag)
    print('URL:', tag.get('href', None))
    print('Contents:', tag.contents[0])
    print('Attrs:', tag.attrs)

# Code: http://www.py4e.com/code3/urllink2.py


python urllink2.py
Enter - http://www.dr-chuck.com/page1.htm
TAG: <a href="http://www.dr-chuck.com/page2.htm">
```

```
Second Page</a>
URL: http://www.dr-chuck.com/page2.htm
Content: ['\nSecond Page']
Attrs: [('href', 'http://www.dr-chuck.com/page2.htm')]
```

Questi esempi iniziano solo a mostrarti la potenza di BeautifulSoup nell'analizzare del codice HTML.

12.8 Leggere file binari tramite urllib

capiterà che tu voglia scaricare un file non di testo (o binario) come un'immagine o un video. Generalmente è meglio evitare di visualizzare i dati di questi file durante lo scaricamento, essendo meglio creare una copia locale tramite `urllib`.

Lo schema consiste nell'aprire l'URL e tramite **read** scaricare l'intero contenuto del documento in una variabile stringa (`img`) e scrivere tali informazioni in un file locale come in questo esempio:

```python
import urllib.request, urllib.parse, urllib.error

img = urllib.request.urlopen('http://data.pr4e.org/cover3.jpg').read()
fhand = open('cover3.jpg', 'wb')
fhand.write(img)
fhand.close()

# Code: http://www.py4e.com/code3/curl1.py
```

Questo programma legge in una sola volta tutti i dati in remoto, li memorizza temporaneamente nella ram del computer nella variabile `img`, quindi apre il file `cover.jpg` e salva i dati su disco. Questa operazione funzionerà se la dimensione del file è inferiore a quella della memoria del tuo computer.

Quindi, se l'obiettivo è un file audio o video di grandi dimensioni, questo script potrebbe crashare o rallentare sensibilmente qualora il computer esaurisca la memoria. Per evitare di saturare la memoria, scarichiamo i dati in singoli blocchi (o buffer), scriviamo su disco prima di ottenere il successivo. In questo modo il programma può leggere file di qualsiasi dimensione senza utilizzare tutta la memoria ram di cui disponi nel computer.

```python
import urllib.request, urllib.parse, urllib.error

img = urllib.request.urlopen('http://data.pr4e.org/cover3.jpg')
fhand = open('cover3.jpg', 'wb')
size = 0
while True:
    info = img.read(100000)
    if len(info) < 1: break
    size = size + len(info)
    fhand.write(info)
```

```
print(size, 'characters copied.')
fhand.close()
```

 # Code: http://www.py4e.com/code3/curl2.py

In questo esempio stiamo leggendo solo 100.000 caratteri alla volta che poi scriviamo nel file `cover.jpg` prima di recuperare i successivi 100.000 caratteri dal web.

Questo programma funziona come puoi vedere di seguito:

```
python curl2.py
568248 characters copied.
```

Se hai un sistema Unix o Macintosh, probabilmente hai a disposizione un comando che può svolgere questa operazione in modo simile a quanto segue:

```
curl -O http://www.py4e.com/cover.jpg
```

Il comando `curl` è l'abbreviazione di "copy URL" da cui ho diligentemente tratto il nome di questi due esempi `curl1.py` e `curl2.py` disponibili su www.py4e.com/code3 dato che implementano funzionalità simili. Esiste anche uno script `curl3.py` che esegue un po' più efficacemente questa operazione, nel caso in cui tu desideri davvero utilizzare questo pattern in un tuo programma.

12.9   Glossario

BeautifulSoup Libreria Python per l'analisi ed estrazione dati da documenti HTML che compensa molte delle imperfezioni nell'HTML che i browser generalmente ignorano. Puoi scaricare il codice BeautifulSoup da www.crummy.com.

Porta Un numero che indica in genere quale applicazione state contattando quando effettuate una connessione socket a un server. Ad esempio il traffico Web di solito utilizza la porta 80 mentre il traffico e-mail utilizza la 25.

Scrape Indica il comportamento di un programma che fa finta di essere un browser web, recupera una pagina web e ne osserva il contenuto. Spesso i programmi seguono i collegamenti presenti in una pagina per trovare la pagina successiva in modo da poter scorrere all'interno di una rete di pagine o di un social network.

Socket Una connessione di rete tra due applicazioni tramite cui queste possono inviare e ricevere dati in entrambe le direzioni.

Spider L'atto di un motore di ricerca web di recuperare una pagina e successivamente tutte le pagine collegate a questa fino a raggiungere quasi tutte le pagine in rete e utilizzarle per costruire il proprio indice di ricerca.

12.10 Esercizi

Esercizio 1: Modifica il programma socket `socket1.py` in modo da richiedere all'utente l'URL rendendolo quindi in grado di leggere qualsiasi pagina web. Puoi usare `split('/')` per suddividere l'URL nelle sue componenti in modo da poter estrarre il nome host per la chiamata `connect` del socket. Aggiungi il controllo degli errori usando `try` ed `except` per gestire la condizione in cui l'utente inserisca un URL non formattato correttamente o sia inesistente.

Esercizio 2: Modifica il tuo programma socket in modo che conti il numero di caratteri che ha ricevuto e interrompa la visualizzazione di qualsiasi testo dopo che ne ha mostrato 3000. Il programma dovrà inoltre accettare l'intero documento, contare il numero totale di caratteri e visualizzarne il numero.

Esercizio 3: Utilizza `urllib` per replicare l'esercizio precedente per (1) recuperare il documento da un URL, (2) visualizzare i primi 3000 caratteri e (3) contarne il numero complessivo. Non preoccuparti delle intestazioni per questo esercizio, per ora è sufficiente mostrare semplicemente i primi 3000 caratteri contenuti nel documento.

Esercizio 4: Modifica il programma `urllinks.py` per estrarre e contare i tag di paragrafo (p) dal documento HTML scaricato e visualizza il conteggio dei paragrafi come output del programma. Non visualizzare il testo del paragrafo: è sufficiente contarli. Metti alla prova il programma con diverse pagine Web e di varie dimensioni.

Esercizio 5: (Avanzato) Modifica il programma socket in modo che mostri i dati solo dopo che siano state ricevute le intestazioni e una riga vuota. Ricorda che `recv` sta ricevendo caratteri (inclusi caratteri newline e tutti gli altri) e non righe.

Capitolo 13

Utilizzo di servizi Web

Una volta che fu più semplice scambiare i documenti via HTTP e analizzarli utilizzando appositi script, non passò molto tempo prima che venissero sviluppati e prodotti documenti realizzati specificamente per essere utilizzati da altri programmi (ovvero pagine HTML destinate ad essere visualizzate in un browser).

Esistono due formati principali che utilizziamo per scambiare dati sul Web:

1. L'eXtensible Markup Language o XML, in uso da molto tempo, è più adatto per lo scambio di dati in stile documento.
2. Quando i programmi devono scambiare solo dizionari, elenchi o altre informazioni interne, viene preferita la JavaScript Object Notation o JSON (si veda www.json.org).

Noi daremo un'occhiata ad entrambi i formati.

13.1 eXtensible Markup Language - XML

XML è molto simile all'HTML, anche se è più strutturato di quest'ultimo.

Ecco un esempio di un documento XML:

```
<person>
  <name>Chuck</name>
  <phone type="intl">
     +1 734 303 4456
  </phone>
  <email hide="yes"/>
</person>
```

Ti suggerisco di pensare questo documento XML come una struttura ad albero in cui è presente un tag principale person e altri tag secondari come phone, rappresentati come figli dei nodi padre.

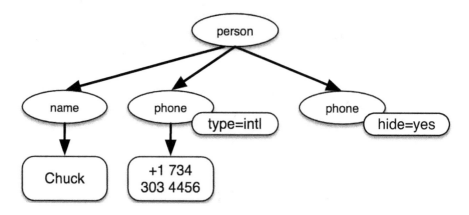

Figura 13.1: XML rappresentato come albero

13.2   Analizzare XML

Ecco un semplice script che analizza documenti XML e ne estrae alcuni elementi:

```
import xml.etree.ElementTree as ET

data = '''
<person>
  <name>Chuck</name>
  <phone type="intl">
    +1 734 303 4456
  </phone>
  <email hide="yes"/>
</person>'''

tree = ET.fromstring(data)
print('Name:', tree.find('name').text)
print('Attr:', tree.find('email').get('hide'))

# Code: http://www.py4e.com/code3/xml1.py
```

Tramite la chiamata a `fromstring` abbiamo convertito la rappresentazione a strin-ga dell'XML in un "albero" di nodi. In questo modo possiamo utilizzare vari metodi che possiamo chiamare per estrarre dati dall'XML.

Ad esempio la funzione `find` scorre l'albero XML e recupera i *nodi* che corrispon-dono al tag specificato. Ogni nodo può contenere testo, degli attributi (come hide) e alcuni nodi "figli", può contenere a sua volta un altro albero di nodi.

```
Name: Chuck
Attr: yes
```

È possibile utilizzare un parser XML come `ElementTree` anche con file XML molto più complessi di quello utilizzato in questo esempio, avendo a disposizione molte regole per l'interpretazione del codice XML e l'estrazione di dati senza preoccuparci troppo delle regole della sintassi.

13.3   Cicli con i nodi degli XML

Spesso abbiamo bisogno di scrivere un ciclo che elabori i vari nodi presenti in
XML. Nello script seguente, abbiamo la possibilità di applicare un loop a tutti i
nodi user:

```python
import xml.etree.ElementTree as ET

input = '''
<stuff>
    <users>
        <user x="2">
            <id>001</id>
            <name>Chuck</name>
        </user>
        <user x="7">
            <id>009</id>
            <name>Brent</name>
        </user>
    </users>
</stuff>'''

stuff = ET.fromstring(input)
lst = stuff.findall('users/user')
print('User count:', len(lst))

for item in lst:
    print('Name', item.find('name').text)
    print('Id', item.find('id').text)
    print('Attribute', item.get("x"))
```

 # Code: http://www.py4e.com/code3/xml2.py

Il metodo **findall** produce un elenco composto da sottoalberi che rappresentano
le strutture **user** nel file XML. Quindi tramite un ciclo **for** possiamo esaminare
ciascuno dei nodi user e visualizzare gli elementi di testo **name**, **id** e l'attributo x
del nodo **user**.

```
User count: 2
Name Chuck
Id 001
Attribute 2
Name Brent
Id 009
Attribute 7
```

13.4   JavaScript Object Notation - JSON

Il formato JSON si rifà ai formati oggetto e array utilizzati nel linguaggio Java-
Script. Ma poiché Python è stato inventato prima di JavaScript, la sua sintassi

utilizzata per i dizionari e le liste ha influenzato quelle di JSON. In altre parole il formato di JSON è praticamente una combinazione di quello degli elenchi e dei dizionari Python.

Qui sotto puoi vedere una codifica JSON che è approssimativamente equivalente al XML visto in precedenza:

```
{
  "name" : "Chuck",
  "phone" : {
    "type" : "intl",
    "number" : "+1 734 303 4456"
  },
  "email" : {
    "hide" : "yes"
  }
}
```

Avrai notato alcune differenze: per prima cosa, nel formato XML possiamo aggiungere attributi come "intl" al tag "phone", mentre con il formato JSON ciò non è possibile: abbiamo solo coppie chiave-valore. Anche il tag XML "person" è scomparso, sostituito da una serie di parentesi graffe.

In generale le strutture JSON sono più semplici perché JSON dispone di meno funzionalità rispetto al linguaggio XML. Il formato JSON ha però il vantaggio di mappare *direttamente* alcune combinazioni di dizionari ed elenchi di Python. Poiché quasi tutti i linguaggi di programmazione hanno qualcosa di equivalente ai dizionari e agli elenchi di Python, JSON è un formato ideale con cui far scambiare dati a due programmi.

Esso sta rapidamente diventando il formato scelto per quasi tutti gli scambi di dati tra applicazioni grazie alla sua relativa semplicità rispetto al formato XML.

13.5   Analizzare codice JSON

Costruiamo il nostro codice JSON annidando dizionari (oggetti) ed elenchi in base alle nostre necessità. In questo esempio vogliamo rappresentare un elenco di utenti in cui ogni utente è una coppia chiave-valore (es.: un dizionario). Quindi abbiamo un elenco di dizionari.

Nel seguente programma usiamo la libreria *json* per analizzare il codice JSON e leggerne i dati. Prova a confrontare i corrispondenti dati in XML e il codice precedente. Il JSON, dato che ha meno dettagli, dobbiamo sapere in anticipo che stiamo ottenendo una lista di utenti e che ogni utente è un set di coppie chiave-valore. Il JSON è più succinto (un vantaggio) ma è anche meno descrittivo (uno svantaggio).

```
import json

data = '''
```

```
[
  { "id" : "001",
    "x" : "2",
    "name" : "Chuck"
  } ,
  { "id" : "009",
    "x" : "7",
    "name" : "Chuck"
  }
]'''

info = json.loads(data)
print('User count:', len(info))

for item in info:
    print('Name', item['name'])
    print('Id', item['id'])
    print('Attribute', item['x'])

# Code: http://www.py4e.com/code3/json2.py
```

Se confronti il codice per estrarre i dati dal JSON e dall'XML, vedrai che ciò che otteniamo da *json.loads()* è un elenco Python, che possiamo scorrere con un ciclo for, in cui ogni elemento è un dizionario Python. Una volta analizzato il JSON, possiamo usare l'operatore indice per estrarre i vari dati di ciascun utente. Non abbiamo bisogno di utilizzare la libreria JSON per effettuare una ricerca all'interno del JSON analizzato, dal momento che i dati restituiti sono strutture native di Python.

L'output di questo programma è esattamente lo stesso di quello estratto dall'XML precedentemente analizzato.

```
User count: 2
Name Chuck
Id 001
Attribute 2
Name Brent
Id 009
Attribute 7
```

In generale per i servizi web c'è una tendenza ad abbandonare il formato XML in favore del formato JSON; dato che il formato JSON è più semplice e più direttamente associabile alle strutture di dati native che troviamo già presenti nei linguaggi di programmazione, l'analisi e l'estrazione dei dati sono in genere più semplici e dirette. D'altro canto l'XML è più auto-descrittivo e per questo ci sono alcune applicazioni in cui XML risulta essere la scelta migliore. Ad esempio, la maggior parte dei word processor memorizza internamente i documenti utilizzando il formato XML piuttosto che il JSON.

13.6 Interfacce per la programmazione di applicazioni

Ora hai la possibilità di scambiare dati tra applicazioni utilizzando l'HyperText Transport Protocol (HTTP) e due alternative per rappresentare dati complessi scegliendo tra l'eXtensible Markup Language (XML) o il la JavaScript Object Notation (JSON).

Il prossimo passo è iniziare a definire e documentare "contratti" tra le applicazioni che utilizzano queste tecniche. Il nome generico per questi contratti tra applicazioni è *Application Program Interfaces* o API. Quando usiamo un'API generalmente un programma rende disponibili alcuni *servizi* per altre applicazioni e pubblica le API (cioè le "regole") che devono essere seguite per accedervi.

Quando iniziamo a progettare dei programmi dotati di funzionalità che prevedono l'accesso ai servizi forniti da altri programmi, stiamo utilizzando un approccio chiamato *Service-Oriented Architecture* o SOA. L'approccio non è "SOA" quando abbiamo una singola applicazione stand-alone che contiene tutto il codice necessario per far funzionare l'applicazione.

Puoi vedere molti esempi di SOA quando navighi in rete: da un unico sito web puoi prenotare viaggi aerei, hotel e automobili. Naturalmente i dati per gli hotel non sono memorizzati nei computer delle compagnie aeree: piuttosto i server delle compagnie aeree contattano i servizi sui computer dell'hotel e recuperano i dati che poi presentano all'utente. Quando l'utente accetta di effettuare una prenotazione alberghiera utilizzando il sito della compagnia aerea, il sito della compagnia aerea utilizza un altro servizio Web dei sistemi dell'hotel per effettuare concretamente la prenotazione. Quando arriva il momento di addebitare il costo sulla tua carta di credito per l'intera transazione vengono coinvolti anche altri computer.

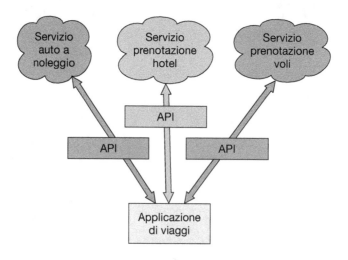

Figura 13.2: Architettura orientata ai servizi (SOA)

Un'architettura orientata ai servizi (SOA) presenta molti vantaggi tra cui: (1) mantiene sempre una sola copia di dati (questo è particolarmente importante in casi come prenotazioni di hotel in cui non vogliamo sovrapporre azioni) e (2) i proprietari dei dati possono gestire le regole sull'uso dei propri dati. Con questi vantaggi, un sistema SOA deve essere progettato oculatamente per avere buone prestazioni e soddisfare le esigenze dell'utente.

I servizi messi a disposizione in rete dalle applicazioni tramite le API vengono chiamati *servizi web*.

13.7 Servizio web di geocodifica di Google

Google ha un eccellente servizio web che ti consente di utilizzare il suo ampio database di informazioni geografiche. Possiamo inviare una stringa di ricerca geografica come "Ann Arbor, MI" alla sua API di geocodifica e ricevere da Google l'ipotesi migliore su dove potremmo trovare in una mappa il nostro target ed ottenere informazioni sui punti di riferimento circostanti.

Il servizio di geocodifica è gratuito ma limitato, rendendo impossibile l'utilizzo illimitato dell'API in un'applicazione commerciale. Tuttavia, se si dispone di dati di sondaggi in cui un utente finale ha inserito una posizione in una casella di immissione a formato libero, è possibile utilizzare questa API per pulire i dati in modo da renderli più gradevoli.

Quando utilizzi un'API gratuita come l'API di geocodifica di Google, è necessario essere rispettosi nell'uso di queste risorse. Se troppe persone abusano del servizio Google potrebbe abbandonare o ridurre significativamente le funzionalità del suo servizio gratuito.

Puoi leggere la documentazione online di questo servizio, che è abbastanza semplice e puoi persino testarlo digitando in un browser il seguente URL:

http://maps.googleapis.com/maps/api/geocode/json?address=Ann+Arbor%2C+MI

Assicurati di estrarre l'URL e rimuovere gli spazi prima di incollarlo nel tuo browser.

Il seguente è no script basilare che richiede all'utente una stringa di ricerca, chiama l'API di geocodifica di Google ed estrae informazioni dal JSON ricevuto.

```
import urllib.request, urllib.parse, urllib.error
import json

# Note that Google is increasingly requiring keys
# for this API
serviceurl = 'http://maps.googleapis.com/maps/api/geocode/json?'

while True:
    address = input('Enter location: ')
    if len(address) < 1: break

    url = serviceurl + urllib.parse.urlencode(
```

```
        {'address': address})

    print('Retrieving', url)
    uh = urllib.request.urlopen(url)
    data = uh.read().decode()
    print('Retrieved', len(data), 'characters')

    try:
        js = json.loads(data)
    except:
        js = None

    if not js or 'status' not in js or js['status'] != 'OK':
        print('==== Failure To Retrieve ====')
        print(data)
        continue

    print(json.dumps(js, indent=4))

    lat = js["results"][0]["geometry"]["location"]["lat"]
    lng = js["results"][0]["geometry"]["location"]["lng"]
    print('lat', lat, 'lng', lng)
    location = js['results'][0]['formatted_address']
    print(location)

# Code: http://www.py4e.com/code3/geojson.py
```

Il programma costruisce un URL con la stringa di ricerca come parametro opportunamente codificato, quindi tramite *urllib* recupera il testo dall'API di geocodifica di Google. A differenza di una pagina web fissa, i dati che possiamo ottenere dipendono dai parametri che inviamo e dai dati geografici memorizzati nei server di Google.

Una volta recuperati i JSON, li analizziamo con la libreria *json* e facciamo alcuni controlli per assicurarci di aver ricevuto dati validi, infine estraiamo le informazioni che stiamo cercando.

L'output del programma è il seguente (è stato rimosso parte del codice JSON ricevuto):

```
$ python3 geojson.py
Enter location: Ann Arbor, MI
Retrieving http://maps.googleapis.com/maps/api/
  geocode/json?address=Ann+Arbor%2C+MI
Retrieved 1669 characters

{
    "status": "OK",
    "results": [
        {
            "geometry": {
```

```
            "location_type": "APPROXIMATE",
            "location": {
                "lat": 42.2808256,
                "lng": -83.7430378
            }
        },
        "address_components": [
            {
                "long_name": "Ann Arbor",
                "types": [
                    "locality",
                    "political"
                ],
                "short_name": "Ann Arbor"
            }
        ],
        "formatted_address": "Ann Arbor, MI, USA",
        "types": [
            "locality",
            "political"
        ]
    }
    ]
}
lat 42.2808256 lng -83.7430378
Ann Arbor, MI, USA
```

Enter location:

Puoi scaricare lo script www.py4e.com/code3/geoxml.py per testare la variante
XML dell'API di geocodifica di Google.

13.8   Sicurezza e utilizzo delle API

È abbastanza comune che sia richiesta un qualche tipo di "chiave API" per utilizzare l'API di un vendor. L'idea generale è che vogliono sapere chi e quanto stia
usando i loro servizi. Potrebbero offrire degli account gratuiti e a pagamento dei
loro servizi o potrebbero avere la politica di limitare il numero di richieste che un
singolo individuo può effettuare durante un determinato arco di tempo.

A volte, dopo aver ottenuto la chiave API, è sufficiente includere la chiave come
parte dei dati POST o forse come parametro nell'URL di chiamata all'API.

Altre volte, i venditori desiderano una maggiore garanzia sulla fonte delle richieste
e quindi pretendono di ricevere messaggi firmati utilizzando chiavi crittografiche
condivise segrete. Una tecnologia molto comune utilizzata per firmare le richieste
su Internet è *OAuth*. Puoi leggere ulteriori informazioni sul protocollo OAuth su
www.oauth.net.

Man mano che l'API di Twitter diventava sempre più preziosa, Twitter è passato
da un'API pubblica e aperta a un'API che richiedeva l'uso delle firme OAuth per

ogni richiesta. Fortunatamente ci sono ancora un certo numero di librerie OAuth
convenienti e gratuite, che ti permettono di evitare di scrivere un'implementazione
OAuth da zero. Queste librerie hanno complessità variabile e hanno vari gradi di
completezza. Il sito web OAuth contiene informazioni su varie librerie OAuth.

Per il nostro prossimo script di esempio scarica i file *twurl.py*, *hidden.py*, *oauth.py*
e *twitter1.py* da www.py4e.com/code e salvali in una cartella del tuo computer.

Per utilizzare questi programmi è necessario che tu disponga di un account Twitter
e che autorizzi il tuo codice Python come applicazione, imposti una chiave, secret,
un token e un token segreto. Modificherai il file *hidden.py* per inserire questi dati
tra le variabili del file:

```
# Keep this file separate

# https://apps.twitter.com/
# Create new App and get the four strings

def oauth():
    return {"consumer_key": "h7Lu...Ng",
            "consumer_secret": "dNKenAC3New...mmn7Q",
            "token_key": "10185562-eibxCp9n2...P4GEQQOSGI",
            "token_secret": "HOycCFemmC4wyf1...qoIpBo"}

# Code: http://www.py4e.com/code3/hidden.py
```

Il servizio web di Twitter è accessibile tramite un URL simile a questo:

https://api.twitter.com/1.1/statuses/user_timeline.json

Una volta aggiunte tutte le informazioni di sicurezza, l'URL sarà più simile a:

```
https://api.twitter.com/1.1/statuses/user_timeline.json?count=2
&oauth_version=1.0&oauth_token=101...SGI&screen_name=drchuck
&oauth_nonce=09239679&oauth_timestamp=1380395644
&oauth_signature=rLK...BoD&oauth_consumer_key=h7Lu...GNg
&oauth_signature_method=HMAC-SHA1
```

Puoi leggere le specifiche OAuth se vuoi ottenere maggiori informazioni dei vari
parametri che vengono aggiunti per soddisfare i requisiti di sicurezza.

Per i programmi destinati a lavorare con Twitter, abbiamo nascosto tutta la parte
più complessa nei file *oauth.py* e *twurl.py*. È sufficiente inserire i segreti in *hidden.py*
e inviare l'URL desiderato alla funzione *twurl.augment()*, il codice della libreria
aggiungere tutti gli altri parametri all'URL per conto nostro.

Questo programma recupera la cronologia di un particolare utente Twitter e ci restituisce i dati richiesti in una stringa in formato JSON. Visualizziamo semplicemente
i primi 250 caratteri della stringa:

```
import urllib.request, urllib.parse, urllib.error
import twurl
import ssl
```

```
# https://apps.twitter.com/
# Create App and get the four strings, put them in hidden.py

TWITTER_URL = 'https://api.twitter.com/1.1/statuses/user_timeline.json'

# Ignore SSL certificate errors
ctx = ssl.create_default_context()
ctx.check_hostname = False
ctx.verify_mode = ssl.CERT_NONE

while True:
    print('')
    acct = input('Enter Twitter Account:')
    if (len(acct) < 1): break
    url = twurl.augment(TWITTER_URL,
                        {'screen_name': acct, 'count': '2'})
    print('Retrieving', url)
    connection = urllib.request.urlopen(url, context=ctx)
    data = connection.read().decode()
    print(data[:250])
    headers = dict(connection.getheaders())
    # print headers
    print('Remaining', headers['x-rate-limit-remaining'])

# Code: http://www.py4e.com/code3/twitter1.py
```

Una volta avviato, il programma visualizza l'output seguente:

```
Enter Twitter Account:drchuck
Retrieving https://api.twitter.com/1.1/ ...
[{"created_at":"Sat Sep 28 17:30:25 +0000 2013","
id":384007200990982144,"id_str":"384007200990982144",
"text":"RT @fixpert: See how the Dutch handle traffic
intersections: http:\/\/t.co\/tIiVWtEhj4\n#brilliant",
"source":"web","truncated":false,"in_rep
Remaining 178

Enter Twitter Account:fixpert
Retrieving https://api.twitter.com/1.1/ ...
[{"created_at":"Sat Sep 28 18:03:56 +0000 2013",
"id":384015634108919808,"id_str":"384015634108919808",
"text":"3 months after my freak bocce ball accident,
my wedding ring fits again! :)\n\nhttps:\/\/t.co\/2XmHPx7kgX",
"source":"web","truncated":false,
Remaining 177

Enter Twitter Account:
```

Insieme ai dati della cronologia, Twitter restituisce anche i metadati relativi alla richiesta nelle intestazioni delle risposte HTTP. In particolare l'intestazione *x-rate-limit-remaining* ci informa su quante altre richieste possiamo fare prima di venire bloccati per un breve periodo di tempo. Potrai notare che le richieste rimanenti diminuiscono ogni volta di uno.

Nell'esempio seguente vogliamo recuperare gli amici di Twitter di un utente, analizzare il JSON che riceveremo per estrarre alcune informazioni sugli amici. Inoltre eseguiremo il dump del JSON dopo averlo analizzato e "stampato" con un rientro di quattro caratteri per consentirci di analizzare i dati nel caso volessimo consultare più campi.

```python
import urllib.request, urllib.parse, urllib.error
import twurl
import json
import ssl

# https://apps.twitter.com/
# Create App and get the four strings, put them in hidden.py

TWITTER_URL = 'https://api.twitter.com/1.1/friends/list.json'

# Ignore SSL certificate errors
ctx = ssl.create_default_context()
ctx.check_hostname = False
ctx.verify_mode = ssl.CERT_NONE

while True:
    print('')
    acct = input('Enter Twitter Account:')
    if (len(acct) < 1): break
    url = twurl.augment(TWITTER_URL,
                        {'screen_name': acct, 'count': '5'})
    print('Retrieving', url)
    connection = urllib.request.urlopen(url, context=ctx)
    data = connection.read().decode()

    js = json.loads(data)
    print(json.dumps(js, indent=2))

    headers = dict(connection.getheaders())
    print('Remaining', headers['x-rate-limit-remaining'])

    for u in js['users']:
        print(u['screen_name'])
        if 'status' not in u:
            print('   * No status found')
            continue
        s = u['status']['text']
        print('   ', s[:50])

# Code: http://www.py4e.com/code3/twitter2.py
```

Dato che il JSON viene trasformato in una serie di elenchi e dizionari annidati, possiamo usare una combinazione di operazioni su indici e cicli **for** per scorrere le strutture dati scrivendo pochissimo codice Python.

L'output del programma sarà simile al seguente (alcuni elementi dei dati sono stati abbreviati per adattarsi alle dimensioni della pagina):

```
Enter Twitter Account:drchuck
Retrieving https://api.twitter.com/1.1/friends ...
Remaining 14


{
    "next_cursor": 1444171224491980205,
    "users": [
        {
            "id": 662433,
            "followers_count": 28725,
            "status": {
                "text": "@jazzychad I just bought one .__.",
                "created_at": "Fri Sep 20 08:36:34 +0000 2013",
                "retweeted": false,
            },
            "location": "San Francisco, California",
            "screen_name": "leahculver",
            "name": "Leah Culver",
        },
        {
            "id": 40426722,
            "followers_count": 2635,
            "status": {
                "text": "RT @WSJ: Big employers like Google ...",
                "created_at": "Sat Sep 28 19:36:37 +0000 2013",
            },
            "location": "Victoria Canada",
            "screen_name": "_valeriei",
            "name": "Valerie Irvine",
    ],
    "next_cursor_str": "1444171224491980205"
}


leahculver
   @jazzychad I just bought one .__.
_valeriei
   RT @WSJ: Big employers like Google, AT&amp;T are h
ericbollens
   RT @lukew: sneak peek: my LONG take on the good &a
halherzog
   Learning Objects is 10. We had a cake with the LO,
scweeker
   @DeviceLabDC love it! Now where so I get that "etc

Enter Twitter Account:
```

Nella parte finale dell'output é contenuto il ciclo for che legge i cinque "amici" più recenti dell'account Twitter *drchuck* e ne visualizza l'ultimo stato anche se nel JSON che ti viene restituito sono contenuti molti più dati.

Se osservi l'output del programma noterai che il "trova gli amici" di un determinato account ha una diversa velocità in base al numero di query sulla cronologia che ti è possibile eseguire per ogni periodo di tempo.

Queste chiavi API sicure consentono a Twitter di conoscere con certezza chi sta usando le sue API e i suoi dati. Le limitazioni della velocità ci consentono di eseguire semplici query dei dati personali, impedendoci di creare un prodotto che raccolga massivamente dati interrogando le API milioni di volte al giorno.

13.9 Glossario

API Application Program Interface - Una sorta di contratto che definisce le modalità di interazione tra le componenti di una o più applicazioni.

ElementTree Una libreria di Python utilizzata per analizzare i dati XML.

JSON JavaScript Object Notation. Un formato che consente il markup di dati strutturati sulla base della sintassi degli oggetti JavaScript.

SOA Service-Oriented Architecture. Indica un'applicazione composta da componenti connessi attraverso una rete.

XML eXtensible Markup Language. Un metalinguaggio per la definizione del markup di dati strutturati.

13.10 Esercizi

Esercizio 1: Modifica uno degli script www.py4e.com/code3/geojson.py o www.py4e.com/code3/ geoxml.py in modo da visualizzare i die caratteri del codice paese inseriti dai dati recuperati. Aggiungi il controllo degli errori in modo che il tuo script non vada in errore se il codice del paese non è presente. Una volta completato con successo questo compito, fagli cercare "Atlantic Ocean" e assicurati che possa gestire luoghi che non si trovano in nessun paese.

Capitolo 14

Programmazione ad oggetti

14.1   Gestione di programmi più grandi

All'inizio di questo libro, abbiamo visto quattro modelli di programmazione di base utilizzati per scrivere programmi:

- Codice sequenziale
- Codice condizionale (istruzioni if)
- Codice ripetitivo (cicli)
- Memorizza e riutilizza (funzioni).

Negli capitoli precedenti abbiamo esplorato l'uso delle variabili semplici e delle strutture per la gestione dei dati come elenchi, tuple e dizionari.

Durante lo sviluppo programmi, progettiamo le strutture con cui conserviamo i dati e scriviamo il codice necessario per manipolarle. Esistono molti modi per scrivere programmi e, a questo punto, probabilmente avrai scritto alcuni script "non particolarmente eleganti" e altri "più eleganti". Anche se i tuoi script sono di dimensioni abbastanza contenute, stai iniziando a capire come ci sia un po' di "arte" ed "estetica" nello sviluppare codice.

Mano a mano che i programmi raggiungono i milioni di righe diventa sempre più importante scrivere codice che sia facile da interpretare. Se stai lavorando su un programma di milioni di righe, non potrai mai tenere in mente allo stesso tempo l'intero programma. Abbiamo bisogno di trovare modi per spezzare il programma in più pezzi in modo che risolvere problemi, correggere un bug o aggiungere una nuova caratteristica sia il più semplice possibile.

In un certo senso, la programmazione ad oggetti è un modo per organizzare il codice in modo tale da poter concentrare la nostra attenzione su 500 righe di codice ignorando momentaneamente le altre 999.500.

171

14.2   Come Iniziare

Come capita per molti aspetti della programmazione è necessario imparare i concetti di base della programmazione ad oggetti prima di poterla utilizzare in modo efficace. Quindi considera questo capitolo come un modo per studiare alcuni termini e concetti elementari illustrati attraverso alcuni semplici esempi con lo scopo di gettare le basi per l'apprendimento futuro. Anche se nel resto del libro adotteremo la programmazione ad oggetti in molti programmi non ne svilupperemo di nuovi.

Quello che vogliamo ottenere con questo capitolo è una conoscenza di base di come siano fatti gli oggetti, di funzionano e, soprattutto, come sfruttarne le possibilità offerte dalle librerie di Python.

14.3   Utilizzare gli oggetti

Realizzerai che in realtà abbiamo utilizzato gli oggetti durante tutto il corso: Python ci mette a disposizione molti oggetti già integrati al suo interno.

Ecco un semplice script le cui prime poche righe dovrebbero sembrarti molto semplici e familiari.

```
stuff = list()
stuff.append('python')
stuff.append('chuck')
stuff.sort()
print (stuff[0])

print (stuff.__getitem__(0))
print (list.__getitem__(stuff,0))

# Code: http://www.py4e.com/code3/party1.py
```

Piuttosto che concentrarci su ciò che potresti ottenere tramite queste poche righe di codice, vediamo cosa sta realmente accadendo dal punto di vista della programmazione ad oggetti. Non preoccuparti se la prima volta che leggi i prossimi paragrafi ti sembra che non abbiamo molto senso dato che non ti ho ancora spiegato il significato di molti dei termini presenti.

La prima riga sta *costruendo* un oggetto di tipo *lista*, la seconda e la terza linea chiamano il *metodo* append(), la quarta riga chiama il *metodo* sort() e la quinta riga sta ottenendo l'elemento in posizione 0.

La sesta riga chiama il metodo __getitem __() nell'elenco stuff con parametro zero.

```
print (stuff.__getitem__(0))
```

La settima riga è un modo ancora più dettagliato di recuperare l'elemento che occupa la posizione zero nell'elenco.

```
print (list.__getitem__(stuff,0))
```

In questo script, chiamiamo il metodo **__getitem__** della classe **list**, lo passiamo nella lista (**stuff**) con l'elemento che vogliamo recuperare dalla lista come secondo parametro.

Le ultime tre righe del programma sono completamente equivalenti, ma è più semplice utilizzare la sintassi con le parentesi quadre per cercare un elemento in una posizione specifica di un elenco.

Possiamo dare un'occhiata alle potenzialità di un oggetto studiando l'output della funzione **dir()**:

```
>>> stuff = list()
>>> dir (stuff)
['__add__', '__class__', '__contains__', '__delattr__',
'__delitem__', '__dir__', '__doc__', '__eq__',
'__format__', '__ge__', '__getattribute__', '__getitem__',
'__gt__', '__hash__', '__iadd__', '__imul__', '__init__',
'__iter__', '__le__', '__len__', '__lt__', '__mul__',
'__ne__', '__new__', '__reduce__', '__reduce_ex__',
'__repr__', '__reversed__', '__rmul__', '__setattr__',
'__setitem__', '__sizeof__', '__str__', '__subclasshook__',
'append', 'clear', 'copy', 'count', 'extend', 'index',
'insert', 'pop', 'remove', 'reverse', 'sort']
>>>
```

Più precisamente **dir()** elenca i *metodi* e gli *attributi* di un oggetto.

Il resto di questo capitolo ti fornirà una definizione più precisa di tutti i termini già riportati, quindi, dopo aver completato questo capitolo, rileggi i paragrafi precedenti per verificare quanto to abbia veramente appreso.

14.4 I primi script

Un programma nella sua forma più semplice richiede uno o più input, fa qualche elaborazione e produce un output. lo script seguente per la conversione dei numeri di piano in un ascensore é molto breve ma completo e presenta tutti e tre questi passaggi.

```
usf = input('Enter the US Floor Number: ')
wf = int(usf) - 1
print('Non-US Floor Number is',wf)
```

```
# Code: http://www.py4e.com/code3/elev.py
```

Se ci concentriamo un po' di più su questo programma: possiamo vedere che convivono il "mondo esterno" e quello interno al programma stesso. Le operazioni di input e l'output rappresentato il modo con cui programma interagisce con il mondo esterno. All'interno del programma abbiamo il codice e dati necessari per svolgere il compito per cui é stato progettato.

Figura 14.1: Un programma

All'interno del programma hanno luogo alcune interazioni ben definite con il mondo "esterno" che generalmente non sono qualcosa su cui ci focalizziamo. Quando scriviamo del codice ci preoccupiamo solo dei dettagli "all'interno del programma".

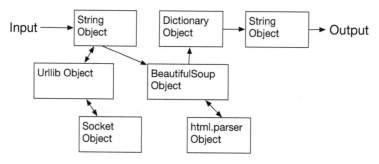

Figura 14.2: Un programma come rete di oggetti

Un modo per pensare alla programmazione orientata agli oggetti è il voler cercare di separare il nostro programma in più "zone". Ogni "zona" é composta da codice e dati (come se fosse un programma a se stante) e ha interazioni ben definite con il mondo esterno e con le altre zone all'interno del programma. Se riprendiamo in considerazione lo script di estrazione dei collegamenti in cui abbiamo usato la libreria BeautifulSoup possiamo vedere un programma costituito da più oggetti che interagiscono tra loro per svolgere un compito:

```
# To run this, you can install BeautifulSoup
# https://pypi.python.org/pypi/beautifulsoup4

# Or download the file
# http://www.py4e.com/code3/bs4.zip
# and unzip it in the same directory as this file

import urllib.request, urllib.parse, urllib.error
from bs4 import BeautifulSoup
import ssl

# Ignore SSL certificate errors
ctx = ssl.create_default_context()
ctx.check_hostname = False
ctx.verify_mode = ssl.CERT_NONE
```

```
url = input('Enter - ')
html = urllib.request.urlopen(url, context=ctx).read()
soup = BeautifulSoup(html, 'html.parser')

# Retrieve all of the anchor tags
tags = soup('a')
for tag in tags:
    print(tag.get('href', None))

# Code: http://www.py4e.com/code3/urllinks.py
```

L'URL viene richiesto come stringa, poi passato in urllib per il recupero dei dati da web. La libreria urllib effettua la connessione di rete appoggiandosi alla libreria socket. La stringa scaricata da urllib viene consegnata a BeautifulSoup per l'analisi. BeautifulSoup utilizza l'oggetto html.parser[1] per restituire un oggetto a cui viene applicato il metodo tags() per generare un dizionario di oggetti tag, che vengono passati in rassegna tramite il metodo get() per visualizzarne l'eventuale attributo 'href'.

Possiamo rappresentare con la seguente immagine l'interazione degli oggetti di questo programma appena descritta.

In questo momento la cosa più importante non è comprendere appieno il funzionamento di questo programma, quanto piuttosto vedere com'é stato strutturato questo insieme di oggetti e di come ne viene orchestrato lo scambio di informazioni.

È anche importante notare che quando studiavi il funzionamento di uno script presente nei primi capitoli di questo libro, eri in grado di capire appieno cosa stava succedendo senza nemmeno renderti conto che il programma stava "gestendo il movimento dei dati tra gli oggetti presenti". Allora per te erano solo righe di codice che portavano a termine il lavoro.

14.5   Suddividere un problema - l'incapsulamento

Uno dei vantaggi dell'approccio della programmazione ad oggetti è che la possibilità di ridurre la complessità di uno script: anche se hai la necessità di sapere come sfruttare urllib e BeautifulSoup, non hai bisogno di sapere come funzionino internamente tali librerie. Ciò ti consente di concentrarti sulla parte del problema che devi risolvere lasciando perdere altre parti del programma.

Questa capacità di concentrarci sulla parte di un programma che ci interessa ignorando il resto del programma è utile anche per gli sviluppatori degli oggetti stessi: i programmatori che curano lo sviluppo BeautifulSoup non hanno bisogno di sapere o preoccuparsi di come tu abbia recuperato la pagina HTML da analizzare, quali parti tu voglia leggere o cosa tu intenda fare con i dati che hai estratto.

C'é un'altra parola che viene comunemente utilizzata per rendere l'idea che stiamo ignorando il funzionamento interno degli oggetti che usiamo: "incapsulamento". In altre parole significa che possiamo sapere come utilizzare un oggetto senza essere realmente a conoscenza di cosa realmente capiti al suo interno.

---

[1]https://docs.python.org/3/library/html.parser.html

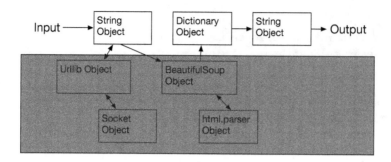

Figura 14.3: Ignorare i dettagli quando si usa un oggetto

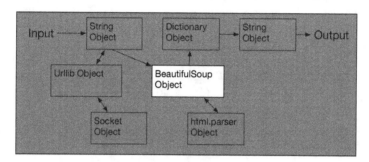

Figura 14.4: Ignorare i dettagli quando si costruisce un oggetto

14.6   Il nostro primo oggetto Python

Semplificando al massimo, un oggetto è una porzione codice con proprie strutture di dati di dimensioni minori dell'intero programma. Il definire una funzione significa indicare tramite un nome una porzione di codice ben definita che possiamo invocare successivamente secondo le nostre necessità utilizzando solo il nome che le abbiamo assegnato.

Un oggetto può contenere un certo numero di funzioni (che chiamiamo "metodi") e i dati utilizzati da tali funzioni. Definiamo dati gli elementi che compongono degli "attributi" dell'oggetto.

La parola chiave `class` viene utilizzata per definire i dati e il codice che compongo ciascuno degli oggetti. class include inoltre il nome della classe e inizia con un blocco di codice indentato in cui includiamo gli attributi (dati) e i metodi (codice).

```
class PartyAnimal:
   x = 0

   def party(self) :
     self.x = self.x + 1
     print("So far",self.x)

an = PartyAnimal()
an.party()
an.party()
an.party()
```

```
PartyAnimal.party(an)
```

```
# Code: http://www.py4e.com/code3/party2.py
```

Ogni metodo che ha l'aspetto di una funzione, inizia con la parola chiave **def** ed è costituito da un blocco di codice indentato. L'esempio precedente ha un attributo (x) e un metodo (party). I metodi hanno uno primo parametro speciale chiamato per convenzione **self**.

Proprio come la parola chiave **def** non provoca l'esecuzione del codice della funzione, la parola chiave **class** non crea un oggetto. Piuttosto la parola chiave **class** definisce un modello che indica quali dati e codice saranno contenuti in ogni oggetto di tipo **PartyAnimal**. Potresti pensare che la classe sia uno stampino per biscotti e che gli oggetti creati utilizzando la classe siano i biscotti[2]. Nel preparare i biscotti, sai che la glassa non va messa sullo stampino quanto piuttosto sui biscotti e hai sempre la possibilità di mettere una glassa diversa su ciascun biscotto.

Figura 14.5: Una classe e due oggetti

Ma ora continuiamo ad analizzare il codice di esempio. Osserva la prima riga di codice eseguibile:

```
an = PartyAnimal()
```

questo è il punto in cui indichiamo a Python dove costruire (ad es. creare) un *oggetto* o "l'istanza della classe denominata PartyAnimal". Sembra una chiamata di funzione alla classe stessa e Python costruisce l'oggetto con i dati e i metodi corretti e restituisce l'oggetto che viene quindi assegnato alla variabile **an**. In un certo senso tutto questo è abbastanza simile alla riga che abbiamo usato fin dall'inizio:

```
counts = dict()
```

Qui stiamo dicendo a Python di creare un oggetto usando il template **dict** (già presente nel linguaggio), restituire l'istanza del dizionario e assegnarla alla variabile **counts**.

---

[2]Cookie immagine copyright CC-BY https://www.flickr.com/photos/dinnerseries/23570475099

Quando vogliamo utilizzare la classe PartyAnimal per costruire un oggetto, la variabile **an** ci permette di puntare a quell'oggetto, accedere al codice e ai dati che quella particolare istanza di un oggetto PartyAnimal contiene.

Ogni oggetto/istanza Partyanimal contiene al suo interno una variabile x e un metodo/funzione **party** che viene richiamato in questa riga:

```
an.party()
```

Quando viene chiamato il metodo **party**, il primo parametro (chiamato per convenzione **self**) punta alla particolare istanza dell'oggetto PartyAnimal che viene chiamata all'interno di **party**. All'interno del metodo **party**, possiamo vedere la riga:

```
self.x = self.x + 1
```

Questa sintassi utilizzando l'operatore 'punto' indica 'la x dentro self'. Quindi ogni volta che viene chiamato **party()** viene incrementato di 1 il valore interno x che viene poi visualizzato.

Per aiutarti a comprendere la differenza tra una funzione globale e un metodo all'interno di una classe/oggetto, nella riga seguente puoi vedere un altro modo per chiamare il metodo **party** all'interno dell'oggetto **an**:

```
PartyAnimal.party(an)
```

In questa variante stiamo accedendo al codice dalla *classe* e passando esplicitamente il puntatore dell'oggetto **an** come primo parametro (ad esempio **self** all'interno del metodo).

Puoi pensare a **an.party()** come ad un'abbreviazione della riga precedente.

Quando il programma viene eseguito verrà generato il seguente output:

So far 1 So far 2 So far 3 So far 4

L'oggetto è stato costituito e il metodo **party** è chiamato quattro volte, incrementando e visualizzando il valore di x all'interno l'oggetto **an**.

14.7   Le classi come tipi

Come abbiamo visto, in Python tutte le variabili hanno un **type** che possiamo esaminare tramite la funzione integrata **dir**. queste funzionalità sono estese alle classi che creiamo.

```
class PartyAnimal:
    x = 0

    def party(self) :
        self.x = self.x + 1
```

```
    print("So far",self.x)

an = PartyAnimal()
print ("Type", type(an))
print ("Dir ", dir(an))
print ("Type", type(an.x))
print ("Type", type(an.party))
```

`# Code: http://www.py4e.com/code3/party3.py`

che può produrre l'output seguente:

```
 Type <class '__main__.PartyAnimal '>
Dir ['__class__', '__delattr__', ...
'__sizeof__', '__str__', '__subclasshook__',
'__weakref__', 'party', 'x']
Type <class 'int'>
Type <class 'method'>
```

Puoi notare che abbiamo creato un nuovo type utilizzando la parola chiave **class** e nell'output di **dir** che sia l'attributo intero **x** sia il metodo **party** sono disponibili nell'oggetto.

14.8 Ciclo di vita dell'oggetto

Negli esempi precedenti abbiamo definito una classe (template) e l'abbiamo utilizzata per creare un'istanza (oggetto) che poi abbiamo utilizzato fino al termine del programma, momento in cui tutte le variabili sono state eliminate. Di solito non pensiamo molto alla creazione e distruzione delle variabili ma capita spesso che, quando i nostri oggetti diventano più complessi, dobbiamo agire all'interno dell'oggetto per sistemare le cose mentre l'oggetto viene costruito e possibilmente pulire le cose prima che esso sia eliminato.

Se vogliamo che il nostro oggetto si renda conto di questi momenti di costruzione e distruzione, dobbiamo aggiungere dei metodi che hanno una denominazione speciale:

```
class PartyAnimal:
   x = 0

   def __init__(self):
     print('I am constructed')

   def party(self) :
     self.x = self.x + 1
     print('So far',self.x)

   def __del__(self):
     print('I am destructed', self.x)
```

```
an = PartyAnimal()
an.party()
an.party()
an = 42
print('an contains',an)
```

```
# Code: http://www.py4e.com/code3/party4.py
```

Questo programma darà luogo al seguente output:

```
I am contructed
So far 1
So far 2
I am destructed 2
an contains 42
```

Appena Python inizia a costruire il nostro oggetto, chiama il nostro metodo `__init__` per darci la possibilità di impostare alcuni valori iniziali o predefiniti · da passare all'oggetto. Quando Python incontra la riga:

```
an = 42
```

In effetti "cestina il nostro oggetto" in modo da poter riutilizzare la variabile **an** per memorizzare il valore **42**. Proprio nel momento in cui il nostro oggetto **an** viene "distrutto" viene chiamato il codice distruttore (`__del__`). Non possiamo impedire che la nostra variabile venga distrutta ma possiamo fare ogni operazione di pulizia necessaria prima che il nostro oggetto non esista più.

Durante lo sviluppo di oggetti è abbastanza comune aggiungere un costruttore a un oggetto per impostarne i valori iniziali ed è relativamente altrettanto raro che sia necessario impostarne un distruttore.

14.9   Molte istanze

Finora, abbiamo definito una classe, creato un singolo oggetto che abbiamo usato ed infine eliminato. Ma la vera potenza della programmazione orientata agli oggetti si rivela quando utilizziamo molte istanze della nostra classe.

Quando creiamo più oggetti dalla nostra classe potremmo aver bisogno di impostare valori iniziali diversi per ciascuno di essi. Ciò é possibile passando i dati nei costruttori per assegnare a ciascun oggetto un diverso valore iniziale:

```
class PartyAnimal:
   x = 0
   name = ''
   def __init__(self, nam):
     self.name = nam
     print(self.name,'constructed')
```

```
    def party(self) :
      self.x = self.x + 1
      print(self.name,'party count',self.x)

s = PartyAnimal('Sally')
j = PartyAnimal('Jim')

s.party()
j.party()
s.party()

# Code: http://www.py4e.com/code3/party5.py
```

Il costruttore ha sia un parametro **self** che punta all'istanza dell'oggetto sia altri parametri che vengono passati al costruttore mentre l'oggetto viene costruito:

```
s = PartyAnimal('Sally')
```

la riga presente all'interno del costruttore:

```
self.name = nam
```

Copia il parametro passato in (**nam**) nell'attributo **name** all'interno dell'istanza dell'oggetto.

L'output del programma mostra che ognuno degli oggetti (**s** e **j**) contiene le proprie copie indipendenti di **x** e **nam**:

```
Sally constructed
Sally party count 1
Jim constructed
Jim party count 1
Sally party count 2
```

14.10   Ereditarietà

Un'altra caratteristica potente della programmazione orientata agli oggetti è la possibilità di creare una nuova classe estendendone una già esistente. Quando estendiamo una classe, chiamiamo la classe originale 'classe genitore' e la nuova 'classe figlia'.

In questo esempio sposteremo la nostra classe **PartyAnimal** nel suo file:

```
class PartyAnimal:
    x = 0
    name = ''
    def __init__(self, nam):
      self.name = nam
      print(self.name,'constructed')

    def party(self) :
```

```
    self.x = self.x + 1
    print(self.name,'party count',self.x)
```

```
# Code: http://www.py4e.com/code3/party.py
```

Quindi abbiamo la possibilità di 'importare' la classe `PartyAnimal` in un nuovo
file ed estenderla come segue:

```
from party import PartyAnimal

class CricketFan(PartyAnimal):
   points = 0
   def six(self):
      self.points = self.points + 6
      self.party()
      print(self.name,"points",self.points)

s = PartyAnimal("Sally")
s.party()
j = CricketFan("Jim")
j.party()
j.six()
print(dir(j))
```

```
# Code: http://www.py4e.com/code3/party6.py
```

Nel definire l'oggetto `CricketFan` abbiamo indicato che stiamo estendendo la classe
`PartyAnimal`: tutte le variabili (x) e i metodi (party) della classe `PartyAnimal`
sono ereditate dalla classe `CricketFan`.

Puoi vedere che all'interno del metodo `six` nella classe `CricketFan` possiamo chiamare il metodo **party** dalla classe `PartyAnimal`. Le variabili e i metodi della classe
genitore sono *uniti* nella classe figlio.

Durante l'esecuzione del programma possiamo vedere che s e j sono istanze indipendenti di `PartyAnimal` e `CricketFan`. L'oggetto j ha capacità aggiuntive
rispetto all'oggetto s.

```
Sally constructed
Sally party count 1
Jim constructed
Jim party count 1
Jim party count 2
Jim points 6
['__class__', '__delattr__', ... '__weakref__',
'name', 'party', 'points', 'six', 'x']
```

Nell'output `dir` per l'oggetto j (istanza della classe `CricketFan`) puoi vedere che
entrambi hanno sia gli attributi e i metodi della classe genitore sia gli attributi e i
metodi che sono stati aggiunti quando la classe è stata estesa per creare la classe
`CricketFan`.

14.11   Sommario

Ti ho dato un'introduzione molto basilare sulla programmazione ad oggetti dove mi sono concentrato principalmente sulla terminologia e sulla sintassi utilizzate nella definizione ed utilizzo degli oggetti.

Diamo ora una rapida occhiata al codice che abbiamo utilizzato dall'inizio di questo capitolo. A questo punto dovresti riuscire a capire appieno cosa stia succedendo.

```
stuff = list()
stuff.append('python')
stuff.append('chuck')
stuff.sort()
print (stuff[0])

print (stuff.__getitem__(0))
print (list.__getitem__(stuff,0))

# Code: http://www.py4e.com/code3/party1.py
```

La prima riga costruisce un *oggetto* list. Durante la sua costruzione viene chiamato il metodo *constructor* (chiamato __init__) per impostare gli attributi dei dati interni che verranno utilizzati per memorizzare i dati dell'elenco. Grazie all'*incapsulamento* non abbiamo bisogno di sapere o di preoccuparci di come siano organizzati questi attributi dei dati interni.

Non stiamo passando alcun parametro al *costruttore* e quando il costruttore ritorna, usiamo la variabile stuff per puntare all'istanza restituita della classe list.

La seconda e la terza riga chiamano il metodo append con un parametro per aggiungere un nuovo elemento alla fine dell'elenco tramite l'aggiornamento degli attributi all'interno di stuff. Nella quarta riga viene chiamato il metodo sort, senza parametri, per ordinare i dati all'interno dell'oggetto stuff.

Quindi visualizziamo il primo elemento nell'elenco usando le parentesi quadre che sono una scorciatoia per chiamare il metodo __getitem__ all'interno dell'*oggetto* stuff. Questo equivale a chiamare il metodo __getitem__ nella *classe* list passando l'oggetto stuff come primo parametro e la posizione che stiamo cercando come secondo parametro.

Al termine del programma, prima che venga scartato l'oggetto stuff, viene chiamato il *distruttore* (denominato __del__) in modo che l'oggetto possa eliminare qualsiasi questione rimasta in sospeso.

Queste sono le basi e la terminologia della programmazione ad oggetti. Ci sono molti dettagli aggiuntivi su come utilizzare al meglio questo approccio durante lo sviluppo di applicazioni e librerie di grandi dimensioni ma ciò va oltre lo scopo di questo capitolo.[3]

---

[3]Se sei curioso di sapere dove è definita la classe list, dai un'occhiata (speriamo che l'URL non sia cambiato!) https://github.com/python/cpython/blob/master/Objects/listobject.c - la classe "list" è scritta nel linguaggio C. Se ti senti attratto da quel tipo di codice sorgente, prendi in considerazione l'idea di esplorare altri corsi di informatica.

14.12   Glossario

Attributo Una variabile che fa parte di una classe.

Classe Un modello che può essere utilizzato per costruire un oggetto. Definisce gli attributi e i metodi che compongono l'oggetto.

Classe figlia Una nuova classe creata quando viene estesa una classe genitore. La classe figlia eredita tutti gli attributi e i metodi della classe genitore.

Costruttore Un metodo opzionale con un nome speciale (`__init__`) chiamato nel momento in cui una classe viene usata per costruire un oggetto. Di solito viene utilizzato per impostare i valori iniziali dell'oggetto.

Distruttore Usato raramente, un metodo opzionale con un nome speciale (`__del__`) che viene chiamato appena prima che un oggetto venga distrutto.

Ereditarietà L'atto di estendere una classe esistente (genitore) tramite la creazione di una nuova classe (figlia). La classe figlia ha tutti gli attributi e i metodi della classe genitore più ulteriori attributi e metodi definiti.

Metodo Una funzione che è contenuta all'interno di una classe e degli oggetti costruiti dalla classe. Alcuni modelli orientati agli oggetti usano la parola 'messaggio' invece di 'metodo' per descrivere questo concetto.

Oggetto Un'istanza costruita di una classe. Un oggetto contiene tutti gli attributi e i metodi definiti dalla classe. Alcuni documenti orientati agli oggetti usano il termine 'istanza' in modo intercambiabile con 'oggetto'.

Classe genitore La classe che viene estesa per creare una nuova classe figlia. La classe genitore contribuisce con tutti i suoi metodi e attributi alla nuova classe figlia.

Capitolo 15

Utilizzo dei database e SQL

15.1 Cos'è un database?

Un *database* è un file progettato per la conservazione di dati. La maggior parte dei database è organizzata come un dizionario, nel senso che viene creata una correlazione tra chiavi e valori. La differenza principale è che il database è conservato su disco (o su altro tipo di memoria permanente), per questo i dati permangono anche quando il programma viene chiuso. Inoltre il fatto che un database sia archiviato in una memoria permanente permette di conservare molti più dati rispetto ad un dizionario che è limitato dalle dimensioni della memoria nel computer.

Come un dizionario, il database è stato progettato per garantire un'elevata velocità d'inserimento e di accesso ai dati, anche per grandi quantità degli stessi. Il software del database mantiene le sue prestazioni aggiornando gli *indici* durante l'inserimento di nuovi dati in modo da consentire al computer di accedere rapidamente a una determinata voce.

Esistono diversi sistemi di database che vengono utilizzati per una vasta gamma di scopi tra cui. Alcuni di questi sistemi sono: Oracle, MySQL, Microsoft SQL Server, PostgreSQL e SQLite. In questo libro ci concentreremo su SQLite, perché molto comune e già integrato in Python. SQLite è progettato per essere *integrato* in altre applicazioni per fornire supporto nella gestione dei dati. Ad esempio anche il browser Firefox utilizza internamente il database SQLite in modo simile a molti altri prodotti,

SQLite (http://sqlite.org/) si adatta bene ad alcuni dei problemi di manipolazione dei dati che incontriamo in informatica come l'applicazione che scansiona Twitter e che descriveremo in questo capitolo.

15.2 Fondamenti sui database

Quando esaminate per la prima volta un database sembra un foglio di calcolo con più schede. Le strutture di dati primarie di un database sono: *tabelle*, *righe* e *colonne*. La presenza di relazioni tra queste strutture primarie ha dato il nome di "database relazionali".

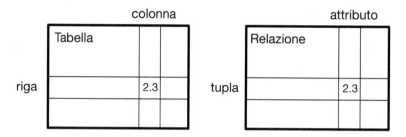

Figura 15.1: Database relazionale

Nelle descrizioni tecniche dei database relazionali i concetti di tabella, riga e colonna sono più formalmente indicati rispettivamente come *relazione, tupla* ed *attributo*. In questo capitolo noi utilizzeremo i termini meno formali.

15.3   Browser di database per SQLite

Seppure questo capitolo si concentri sull'uso di Python per la manipolazione di dati contenuti in database SQLite, molte operazioni possono essere fatte più agevolmente utilizzando un software chiamato *Browser di database per SQLite*, liberamente scaricabile da: http://sqlitebrowser.org/

Utilizzando questo programma è possibile creare facilmente tabelle, inserire dati, modificare dati o eseguire semplici query SQL. In un certo senso, il comportamento del Database Browser è simile a quello di un editor di testo. Quando volete eseguire una o poche operazioni su un file di testo, è sufficiente aprirlo in un editor e apportare le modifiche desiderate. Se dovete eseguire molte modifiche in un file di testo, è meglio scrivere un semplice programma in Python. Lo stesso modello si applica al lavoro con i database. Svolgerete le operazioni più semplici nel gestore di database, mentre quelle più complesse saranno eseguite più comodamente tramite Python.

15.4   Creazione di una tabella

I database richiedono una struttura più definita rispetto agli elenchi o ai dizionari Python [1]. Quando creiamo una *tabella* nel database dobbiamo comunicare in anticipo al database i nomi di ciascuna delle *colonne* nella tabella e il tipo di dati che stiamo pianificando di memorizzare in ognuna di esse. Quando il database è a conoscenza del tipo di dati presente in ogni colonna, può scegliere il modo più efficiente per archiviarli e ricercarli.

---

[1] Anche se in realtà SQLite consente una certa flessibilità nel tipo di dati memorizzati in una colonna, in questo capitolo manterremo una rigorosa distinzione dei nostri tipi di dati in modo che i concetti si possano applicare anche ad altre tipologie di database come MySQL.

Per conoscere i vari tipi di dati supportati da SQLite potete consultare il seguente indirizzo: http://www.sqlite.org/datatypes.html

Definire fin dall'inizio la struttura dei vostri dati può sembrare scomodo nei primi tempi, ma il vantaggio è un accesso veloce ai vostri dati anche quando il database conterrà una grande quantità di dati. Il codice necessario per creare un database composto da una tabella denominata `Tracks` impostata su due colonne nel database è il seguente:

```
import sqlite3

conn = sqlite3.connect('music.sqlite')
cur = conn.cursor()

cur.execute('DROP TABLE IF EXISTS Tracks')
cur.execute('CREATE TABLE Tracks (title TEXT, plays INTEGER)')

conn.close()

# Code: http://www.py4e.com/code3/db1.py
```

L'operazione `connect` effettua una "connessione" al database memorizzato nel file `music.sqlite3` nella cartella corrente. Se il file non esiste, verrà creato. Il motivo per cui si chiama "connessione" è che a volte il database è memorizzato su un "server di database" separato dalla macchina su cui stiamo eseguendo la nostra applicazione. Nei nostri semplici esempi il database sarà sempre un file locale nella stessa directory del codice Python che stiamo eseguendo. Un *cursore* è come un handle di file che possiamo usare per eseguire operazioni sui dati memorizzati nel database. Richiamare il metodo `cursor()` è concettualmente molto simile a richiamare il metodo `open()` quando si tratta di un file di testo.

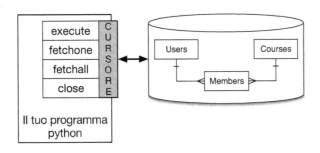

Figura 15.2: Cursore su un database

Una volta ottenuto il cursore, possiamo iniziare a eseguire comandi sui contenuti del database usando il metodo `execute()`. I comandi del database sono espressi in un linguaggio speciale che è stato standardizzato da molti diversi fornitori di database per permetterci di imparare un solo linguaggio per database.

Il linguaggio del database è chiamato *Structured Query Language*, in breve: *SQL*.
http://en.wikipedia.org/wiki/SQL

Nel nostro esempio, stiamo eseguendo due comandi SQL nel nostro database. Per
convenzione, mostreremo le parole chiave SQL in maiuscolo e le parti del comando
che stiamo aggiungendo (come i nomi di tabelle e colonne) in minuscolo. Il primo
comando SQL rimuove la tabella `Tracks` dal database, se esiste. Questo schema
serve semplicemente a permetterci di eseguire lo stesso programma per creare la
tabella `Tracks` più e più volte senza causare errori. Notare che il comando DROP
TABLE cancella la tabella e tutti i dati da lei contenuti dal database (in altri termini,
non è possibile premere il tasto "annulla").

```
cur.execute('DROP TABLE IF EXISTS Tracks ')
```

Il secondo comando crea una tabella chiamata `Tracks` con una colonna di testo
chiamata `title` e una colonna con dati numerici interi chiamata `plays`.

```
cur.execute('CREATE TABLE Tracks (title TEXT, plays INTEGER)')
```

Ora che abbiamo creato una tabella chiamata `Tracks`, possiamo inserirvi alcuni
dati usando l'operatore SQL `INSERT`. Di nuovo, iniziamo effettuando una connessione al database e ottenendo il `cursore`. Possiamo quindi eseguire comandi SQL
usando il cursore. Il comando SQL `INSERT` indica quale tabella stiamo usando e
quindi definisce una nuova riga elencando i campi che vogliamo includere (`title`,
`plays`) seguito dal VALUES che vogliamo sia inserito nella nuova riga. Indichiamo
i valori con punti interrogativi (`?,?`) per indicare che i valori effettivi vengono
passati come una tupla (`'My Way'`, `15`) come secondo parametro della chiamata
`execute()`.

```
import sqlite3

conn = sqlite3.connect('music.sqlite')
cur = conn.cursor()

cur.execute('INSERT INTO Tracks (title, plays) VALUES (?, ?)',
    ('Thunderstruck', 20))
cur.execute('INSERT INTO Tracks (title, plays) VALUES (?, ?)',
    ('My Way', 15))
conn.commit()

print('Tracks:')
cur.execute('SELECT title, plays FROM Tracks')
for row in cur:
    print(row)

cur.execute('DELETE FROM Tracks WHERE plays < 100')

cur.close()

# Code: http://www.py4e.com/code3/db2.py
```

Per prima cosa inseriamo due righe nella nostra tabella e usiamo `commit()` per effettuare la scrittura dei dati nel file di database.

Tracks

title	plays
Thunderstruck	20
My Way	15

Figura 15.3: Righe in una tabella

Quindi usiamo il comando `SELECT` per recuperare le righe che abbiamo appena inserito dalla tabella. Nel comando `SELECT`, indichiamo quali colonne selezionare (`title, plays`) e indichiamo da quale tabella vogliamo recuperare i dati. Dopo aver eseguito l'istruzione `SELECT`, è possibile far scorrere il cursore con un'istruzione `for`. Per migliorare l'efficienza, il cursore non legge tutti i dati dal database quando eseguiamo l'istruzione `SELECT`. I dati vengono invece letti su richiesta mentre scorriamo le righe con l'istruzione `for`. L'output del programma è il seguente:

```
Tracks:
('Thunderstruck', 20)
('My Way', 15)
```

Il nostro ciclo `for` trova due righe, e ogni riga è una tupla Python con il primo valore come `title` e il secondo valore come numero di `plays`.

*Nota: potreste vedere stringhe che iniziano con "u" in altri libri o su Internet. Si trattava di un'indicazione utilizzata in Python 2 che specificava che le stringhe sono **stringhe Unicode** in grado di memorizzare set di caratteri non latini. Per impostazione predefinita, in Python 3 tutte le stringhe sono unicode.*

Alla fine del programma, eseguiamo un comando SQL per "CANCELLARE" le righe che abbiamo appena creato in modo da poter eseguire il programma più e più volte. Il comando `DELETE` contiene l'uso di una clausola `WHERE` che ci consente di applicare un criterio di selezione in modo da poter chiedere al database di applicare il comando solo alle righe che rispettano il criterio. In questo esempio il criterio si applica a tutte le righe, quindi svuotiamo la tabella in modo da essere in grado di eseguire il programma ripetutamente. Dopo aver eseguito `DELETE`, chiamiamo anche `commit()` per rendere effettiva la rimozione dei dati dal database.

15.5 Riepilogo dello Structured Query Language

Nei nostri esempi di Python abbiamo finora utilizzato lo Structured Query Language e abbiamo esaminato molti comandi SQL basilari. In questa sezione, esamineremo in particolare il linguaggio SQL, fornendo una panoramica della sintassi SQL. Poiché ci sono molti diversi fornitori di database, lo Structured Query Language (SQL) è stato standardizzato in modo da poter comunicare in modo portatile ai sistemi di database di più fornitori. Un database relazionale è costituito da tabelle, righe e colonne. Le colonne generalmente hanno un formato come testo, numerico o data. Quando creiamo una tabella, indichiamo i nomi e il formato delle colonne:

```
CREATE TABLE Tracks (title TEXT, plays INTEGER)
```

Per inserire una riga in una tabella, usiamo il comando SQL INSERT:

```
INSERT INTO Tracks (title, plays) VALUES ('My Way', 15)
```

L'istruzione INSERT specifica il nome della tabella, quindi un elenco dei campi/colonne che si desidera popolare nella nuova riga, quindi la parola chiave VALUES e un elenco di valori corrispondenti per ciascuno dei campi. Il comando SQL SELECT è usato per recuperare righe e colonne da un database. L'istruzione SELECT consente di specificare quali colonne si desidera recuperare e una clausola WHERE che seleziona le righe che si desidera esaminare. Permette anche una clausola opzionale 'ORDER BY' per controllare l'ordinamento delle righe restituite.

```
SELECT * FROM Tracks WHERE title = 'My Way'
```

L'uso di * indica che si desidera che il database restituisca tutte le colonne per ogni riga che corrisponde alla clausola WHERE. Si noti che, a differenza di Python, in una clausola WHERE di SQL usiamo un singolo segno di uguale per indicare un test per l'uguaglianza piuttosto che un doppio segno di uguale. Altre operazioni logiche consentite in una clausola WHERE includono <, >, <=, >=, !=, così come AND e OR e parentesi per costruire espressioni logiche. È possibile richiedere che le righe restituite vengano ordinate in base a uno dei campi in questo modo:

```
SELECT title,plays FROM Tracks ORDER BY title
```

Per rimuovere una riga occorre usare una clausola WHERE in un'istruzione SQL DELETE. La clausola WHERE determina quali righe devono essere cancellate:

```
DELETE FROM Tracks WHERE title = 'My Way'
```

È possibile "AGGIORNARE" una colonna o alcune colonne all'interno di una o più righe in una tabella usando l'istruzione SQL "UPDATE" in questo modo:

```
UPDATE Tracks SET plays = 16 WHERE title = 'My Way'
```

L'istruzione UPDATE specifica una tabella e quindi un elenco di campi e valori da modificare dopo la parola chiave SET e quindi una clausola WHERE facoltativa per selezionare le righe che devono essere aggiornate. Una singola istruzione UPDATE modificherà tutte le righe che corrispondono alla clausola WHERE. Se non viene specificata una clausola WHERE, UPDATE viene eseguito su tutte le righe nella tabella. Questi quattro basilari comandi SQL (INSERT, SELECT, UPDATE e DELETE) consentono le quattro operazioni di base necessarie per creare e conservare i dati.

15.6 Uno spider su Twitter utilizzando un database

In questa sezione creeremo un semplice programma di spider che scorrerà gli account di Twitter e ne costruirà un database.

Da notare: fate molta attenzione quando eseguite questo programma. Non è possibile estrarre troppi dati o eseguire il programma troppo a lungo, altrimenti si può incorrere nell'interruzione dell'accesso a Twitter.

Uno dei problemi di qualsiasi tipo di programma di spider è che questo deve poter essere fermato e riavviato molte volte e non si devono perdere i dati recuperati fino a quel punto. Per non dover sempre riavviare il recupero dei dati dall'inizio, è necessario archiviare i dati mentre vengono recuperati in modo che il nostro programma possa effettuare un back up e riprendere da dove era stato interrotto. Inizieremo recuperando gli amici di una persona su Twitter e i loro stati, scorrendo l'elenco degli amici e aggiungendo ciascuno degli amici in un database che sarà recuperato successivamente.

Dopo aver elaborato gli amici su Twitter di una persona, controlliamo nel nostro database e recuperiamo uno degli amici dell'amico. Lo faremo ripetutamente, scegliendo una persona "non visitata" e recuperando il suo elenco di amici, aggiungendo nel nostro elenco gli amici che non abbiamo ancora esaminato, in vista di un futuro esame. Monitoriamo anche quante volte abbiamo visto un particolare amico nel database per avere un'idea della loro "popolarità". Se immagazziniamo il nostro elenco di account conosciuti e se memorizziamo in un database sul disco del computer l'aver recuperato o meno un account e di quanto questo è popolare, possiamo interrompere e riavviare il nostro programma tutte le volte che vogliamo. Questo programma è un po' complesso. Si basa sul codice dell'esercizio precedente che utilizza l'API di Twitter.

Ecco il codice sorgente per la nostra applicazione di spider su Twitter:

```python
from urllib.request import urlopen
import urllib.error
import twurl
import json
import sqlite3
import ssl

TWITTER_URL = 'https://api.twitter.com/1.1/friends/list.json'

conn = sqlite3.connect('spider.sqlite')
cur = conn.cursor()

cur.execute('''
        CREATE TABLE IF NOT EXISTS Twitter
        (name TEXT, retrieved INTEGER, friends INTEGER)''')

# Ignore SSL certificate errors
ctx = ssl.create_default_context()
ctx.check_hostname = False
```

```
ctx.verify_mode = ssl.CERT_NONE

while True:
    acct = input('Enter a Twitter account, or quit: ')
    if (acct == 'quit'): break
    if (len(acct) < 1):
        cur.execute('SELECT name FROM Twitter WHERE retrieved = 0 LIMIT 1')
        try:
            acct = cur.fetchone()[0]
        except:
            print('No unretrieved Twitter accounts found')
            continue

    url = twurl.augment(TWITTER_URL, {'screen_name': acct, 'count': '5'})
    print('Retrieving', url)
    connection = urlopen(url, context=ctx)
    data = connection.read().decode()
    headers = dict(connection.getheaders())

    print('Remaining', headers['x-rate-limit-remaining'])
    js = json.loads(data)
    # Debugging
    # print json.dumps(js, indent=4)

    cur.execute('UPDATE Twitter SET retrieved=1 WHERE name = ?', (acct, ))

    countnew = 0
    countold = 0
    for u in js['users']:
        friend = u['screen_name']
        print(friend)
        cur.execute('SELECT friends FROM Twitter WHERE name = ? LIMIT 1',
                    (friend, ))
        try:
            count = cur.fetchone()[0]
            cur.execute('UPDATE Twitter SET friends = ? WHERE name = ?',
                        (count+1, friend))
            countold = countold + 1
        except:
            cur.execute('''INSERT INTO Twitter (name, retrieved, friends)
                        VALUES (?, 0, 1)''', (friend, ))
            countnew = countnew + 1
    print('New accounts=', countnew, ' revisited=', countold)
    conn.commit()

cur.close()

# Code: http://www.py4e.com/code3/twspider.py
```

Il nostro database è memorizzato nel file **spider.sqlite3** e ha una tabella chiamata **Twitter**. Ogni riga nella tabella **Twitter** ha una colonna per il nome dell'account, una per indicare se abbiamo recuperato gli amici di questo account e quante volte questo account è stato inserito fra le "amicizie". Nel ciclo principale del programma, chiediamo all'utente di specificare il nome di un account Twitter o di digitare "exit" per uscire dal programma.

Se l'utente inserisce un account Twitter, recuperiamo l'elenco di amici e degli stati per quell'utente e aggiungiamo ogni amico al database se non è già presente. Se l'amico è già nell'elenco, aggiungiamo 1 al campo **friends** nella riga del database. Se l'utente preme Invio, cerchiamo nel database il prossimo account Twitter che non abbiamo ancora recuperato, recuperiamo gli amici e gli stati per quell'account, li aggiungiamo al database o li aggiorniamo, e aumentiamo il loro conteggio come **amici**. Una volta recuperato l'elenco di amici e stati, passiamo in rassegna tutti gli elementi **user** in JSON restituito e recuperiamo lo **screen_name** per ogni utente. Quindi usiamo l'istruzione **SELECT** per controllare se abbiamo già memorizzato questo particolare **screen_name** nel database e recuperiamo il conteggio delle amicizie (**amici**) se il record esiste.

```
countnew = 0
countold = 0
for u in js['users'] :
    friend = u['screen_name']
    print(friend)
    cur.execute('SELECT friends FROM Twitter WHERE name = ? LIMIT 1',
        (friend, ) )
    try:
        count = cur.fetchone()[0]
        cur.execute('UPDATE Twitter SET friends = ? WHERE name = ?',
            (count+1, friend) )
        countold = countold + 1
    except:
        cur.execute('''INSERT INTO Twitter (name, retrieved, friends)
            VALUES ( ?, 0, 1 )''', ( friend, ) )
        countnew = countnew + 1
print('New accounts=',countnew,' revisited=',countold)
conn.commit()
```

Una volta che il cursore esegue l'istruzione **SELECT**, dobbiamo recuperare le righe. Potremmo farlo con un'istruzione **for**, ma dal momento che stiamo recuperando solo una riga (**LIMIT 1**), possiamo usare il metodo **fetchone()** per recuperare la prima (e unica) riga risultato dell'operazione **SELECT**. Dato che **fetchone()** restituisce la riga come una *tupla* (anche se esiste un solo campo), prendiamo il primo valore dalla tupla e lo usiamo per ottenere il conteggio corrente delle amicizie nella variabile **count**.

Se questo recupero ha esito positivo, usiamo l'istruzione SQL **UPDATE** con una clausola **WHERE** per aggiungere 1 alla colonna **friends** per la riga che corrisponde all'account dell'amico. Si noti che ci sono due segnaposto (per esempio punti interrogativi) nel SQL, mentre il secondo parametro di 'execute()' è una tupla di due elementi che contiene i valori da sostituire nel SQL al posto dei punti interrogativi.

Se il codice nel blocco **try** fallisce, ciò è probabilmente dovuto al fatto che nessun record corrisponde alla clausola **WHERE name = ?** nell'istruzione SELECT. Quindi nel blocco `except`, usiamo l'istruzione SQL `INSERT` per aggiungere lo `screen_name` dell'amico nella tabella, con l'indicazione che non abbiamo ancora recuperato lo `screen_name` degli amici e impostato il conteggio delle amicizie su zero. Quindi, la prima volta che lanciamo il programma e inseriamo un account Twitter, il programma viene eseguito come segue:

```
Enter a Twitter account, or quit: drchuck
Retrieving http://api.twitter.com/1.1/friends ...
New accounts= 20  revisited= 0
Enter a Twitter account, or quit: quit
```

Poiché questa è la prima volta che eseguiamo il programma, il database è vuoto e creiamo il database nel file `spider.sqlite3` e aggiungiamo una tabella denominata `Twitter` nel database. Quindi recuperiamo alcuni amici e li aggiungiamo tutti al database, dato che questo è vuoto. A questo punto, potremmo scrivere un semplice programma che visualizzi il contenuto del database per dare un'occhiata a cosa c'è nel nostro file `spider.sqlite3`:

```
import sqlite3

conn = sqlite3.connect('spider.sqlite')
cur = conn.cursor()
cur.execute('SELECT * FROM Twitter')
count = 0
for row in cur:
    print(row)
    count = count + 1
print(count, 'rows.')
cur.close()
```

```
# Code: http://www.py4e.com/code3/twdump.py
```

Questo programma apre semplicemente il database e seleziona tutte le colonne di tutte le righe nella tabella `Twitter`, quindi scorre tra le righe e visualizza ogni riga. Se eseguiamo questo programma dopo la prima esecuzione del nostro spider Twitter sopra, il suo output sarà il seguente:

```
('opencontent', 0, 1)
('lhawthorn', 0, 1)
('steve_coppin', 0, 1)
('davidkocher', 0, 1)
('hrheingold', 0, 1)
...
20 rows.
```

Vediamo una riga per ogni `screen_name`, del quale non abbiamo recuperato i dati e che tutti nel database hanno un amico. A questo punto il nostro database riporta il recupero degli amici del nostro primo account Twitter (*drchuck*). Possiamo eseguire nuovamente il programma e dirgli di recuperare gli amici del prossimo account "non elaborato" semplicemente premendo invio invece di digitare un account Twitter, come segue:

```
Enter a Twitter account, or quit:
Retrieving http://api.twitter.com/1.1/friends ...
New accounts= 18  revisited= 2
Enter a Twitter account, or quit:
Retrieving http://api.twitter.com/1.1/friends ...
New accounts= 17  revisited= 3
Enter a Twitter account, or quit: quit
```

Poiché abbiamo premuto Invio (cioè non abbiamo specificato un account Twitter), viene eseguito il seguente codice:

```
if ( len(acct) < 1 ) :
    cur.execute('SELECT name FROM Twitter WHERE retrieved = 0 LIMIT 1')
    try:
        acct = cur.fetchone()[0]
    except:
        print('No unretrieved twitter accounts found')
        continue
```

Usiamo l'istruzione SQL **SELECT** per recuperare il nome del primo utente (**LIMIT 1**) che ha ancora a zero il valore "have we retrieved this user". Usiamo anche il modello **fetchone()[0]** all'interno di un blocco try/except per estrarre uno **screen_name** dai dati recuperati o lanciare un messaggio di errore e eseguire il loopback. Se recuperiamo con successo uno **screen_name** non elaborato, recuperiamo i suoi dati in questo modo:

```
url=twurl.augment(TWITTER_URL,{'screen_name': acct,'count': '20'})
print('Retrieving', url)
connection = urllib.urlopen(url)
data = connection.read()
js = json.loads(data)

cur.execute('UPDATE Twitter SET retrieved=1 WHERE name = ?',(acct, ))
```

Una volta recuperati i dati, usiamo l'istruzione **UPDATE** per impostare la colonna **retrieved** su 1, per indicare che abbiamo completato il recupero degli amici di questo account.

Questo ci impedisce di recuperare gli stessi dati più e più volte e ci fa progredire attraverso la rete di amici di Twitter. Se eseguiamo il programma delle amicizie e premiamo invio due volte per recuperare gli amici del prossimo amico non visitato, quindi eseguiamo il programma di scarico, otterremo il seguente risultato:

```
('opencontent', 1, 1)
('lhawthorn', 1, 1)
('steve_coppin', 0, 1)
('davidkocher', 0, 1)
('hrheingold', 0, 1)
...
('cnxorg', 0, 2)
('knoop', 0, 1)
```

```
('kthanos', 0, 2)
('LectureTools', 0, 1)
...
55 rows.
```

Possiamo vedere che abbiamo memorizzato correttamente il fatto che abbiamo visitato `lhawthorn` e `opencontent`. Anche gli account `cnxorg` e `kthanos` hanno già due follower. Dato che ora abbiamo recuperato gli amici di tre persone (`drchuck`,`opencontent` e `lhawthorn`), la nostra tabella ha 55 file di amici da recuperare.

Ogni volta che eseguiamo il programma e premiamo Invio, selezioneremo il prossimo account non visitato (ad esempio, il prossimo account sarà `steve_coppin`), recupereremo i suoi amici, li contrassegneremo come recuperati, e aggiungeremo in fondo al database ciascuno degli amici di `steve_coppin` o aggiorneremo il loro conteggio come amicizie, se sono già nel database. Poiché i dati del programma sono tutti archiviati su disco in un database, l'attività di spider può essere sospesa e ripresa tutte le volte che vogliamo senza perdita di dati.

15.7   Modellazione elementare dei dati

La reale potenzialità di un database relazionale consiste nella creazione di più tabelle e nella possibilità di collegarle fra di loro. L'atto di decidere come suddividere i dati delle applicazioni in più tabelle e stabilire le relazioni tra le tabelle è chiamato *modellazione dei dati*. Il documento di progettazione che mostra le tabelle e le loro relazioni è chiamato *modello di dati*. La modellazione dei dati è una capacità relativamente sofisticata e in questa sezione introdurremo solo i concetti di base della modellazione dei dati relazionali. Per maggiori dettagli sulla modellazione dei dati potete iniziare con: http://en.wikipedia.org/wiki/Relational_model.

Diciamo che per la nostra applicazione spider su Twitter, invece di contare solo gli amici di una persona, volevamo memorizzare un elenco di tutte le relazioni in entrata in modo da poter trovare un elenco di tutti coloro che stanno seguendo un determinato account. Dal momento che tutti avranno potenzialmente molti account che li seguono, non possiamo semplicemente aggiungere una singola colonna alla nostra tabella 'Twitter'. Creiamo quindi una nuova tabella che mantenga traccia delle coppie di amici. Quello che segue è un modo semplice per creare una tabella di questo tipo:

```
CREATE TABLE Pals (from_friend TEXT, to_friend TEXT)
```

Ogni volta che incontriamo una persona che "drchuck" sta seguendo, inseriremo una riga del modulo:

```
INSERT INTO Pals (from_friend,to_friend) VALUES ('drchuck', 'lhawthorn')
```

Mentre elaboriamo i 20 amici del feed Twitter `drchuck`, inseriremo 20 record con "drchuck" come primo parametro, quindi finiremo per duplicare molte volte la stringa nel database. Questa duplicazione di dati di stringhe viola una delle migliori pratiche per la *normalizzazione del database*, secondo la quale non dovremmo mai inserire più di una volta gli stessi dati di stringa nel database. Se abbiamo bisogno dei dati più di una volta, creiamo una *chiave numerica* per i dati e facciamo riferimento ai dati effettivi usando questa chiave. In termini pratici, una stringa occupa molto più spazio di un numero sul disco e nella memoria del nostro computer e richiede più tempo per il processore da essere confrontata e ordinata.

Se abbiamo solo poche centinaia di voci, il tempo di archiviazione e di elaborazione non conta molto, ma se abbiamo un milione di persone nel nostro database e una possibilità di 100 milioni di link di amici, è importante essere in grado di scansionare i dati il più rapidamente possibile. Memorizzeremo i nostri account Twitter in una tabella denominata `Persone` invece della tabella `Twitter` utilizzata nell'esempio precedente. La tabella `Persone` ha una colonna aggiuntiva per memorizzare la chiave numerica associata alla riga per questo utente di Twitter. SQLite ha una funzione che aggiunge automaticamente il valore chiave per ogni riga che inseriamo in una tabella utilizzando un tipo speciale di colonna di dati (`INTEGER PRIMARY KEY`). Possiamo creare la tabella `Persone` con questa colonna aggiuntiva `id` in questo modo:

```
CREATE TABLE People
    (id INTEGER PRIMARY KEY, name TEXT UNIQUE, retrieved INTEGER)
```

Si noti che non stiamo più memorizzando un conteggio delle amicizie in ogni riga della tabella `Persone`. Quando selezioniamo "INTEGER PRIMARY KEY" come formato della nostra colonna `id`, stiamo indicando che vogliamo che SQLite gestisca questa colonna assegnando automaticamente una chiave numerica unica per ogni riga che inseriamo. Aggiungiamo anche la parola chiave UNIQUE per indicare che non consentiremo a SQLite di inserire due righe con lo stesso valore in `name`. Adesso, invece di creare la precedente tabella `Pals`, creiamo una tabella chiamata `Follows` con due colonne numeriche `from_id` e `to_id` e un vincolo sulla tabella che indica che la *combinazione* di `from_id` e `to_id` deve essere unica (cioè, non possiamo inserire righe duplicate) nel nostro database.

```
CREATE TABLE Follows
    (from_id INTEGER, to_id INTEGER, UNIQUE(from_id, to_id) )
```

Quando aggiungiamo la clausola `UNIQUE` alle nostre tabelle, indichiamo al database un insieme di regole da applicare quando proviamo ad inserire i record. Stiamo creando queste regole nei nostri programmi per comodità, come vedremo tra un momento. Le regole ci impediscono di commettere errori e rendono più semplice scrivere parte del nostro codice. In sostanza, nel creare questa tabella `Follows`, modelliamo una "relazione" in cui una persona "segue" qualcun altro e la rappresentiamo con una coppia di numeri che indica sia che (a) le persone sono connesse che (b) la direzione del rapporto.

15.8 Programmazione con più tabelle

Ora riscriveremo il programma spider di Twitter usando due tabelle, le chiavi primarie e i riferimenti chiave come descritto in precedenza. Ecco il codice per la nuova versione del programma:

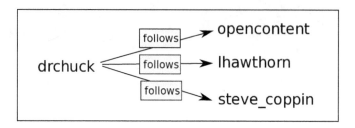

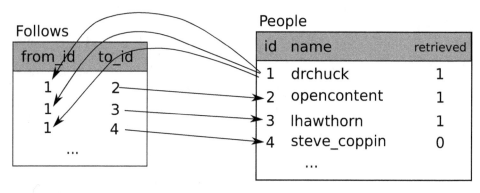

Figura 15.4: Relazione tra tabelle

```python
import urllib.request, urllib.parse, urllib.error
import twurl
import json
import sqlite3
import ssl

TWITTER_URL = 'https://api.twitter.com/1.1/friends/list.json'

conn = sqlite3.connect('friends.sqlite')
cur = conn.cursor()

cur.execute('''CREATE TABLE IF NOT EXISTS People
            (id INTEGER PRIMARY KEY, name TEXT UNIQUE, retrieved INTEGER)''')
cur.execute('''CREATE TABLE IF NOT EXISTS Follows
            (from_id INTEGER, to_id INTEGER, UNIQUE(from_id, to_id))''')

# Ignore SSL certificate errors
ctx = ssl.create_default_context()
ctx.check_hostname = False
ctx.verify_mode = ssl.CERT_NONE

while True:
    acct = input('Enter a Twitter account, or quit: ')
    if (acct == 'quit'): break
    if (len(acct) < 1):
        cur.execute('SELECT id, name FROM People WHERE retrieved=0 LIMIT 1')
        try:
            (id, acct) = cur.fetchone()
```

```
        except:
            print('No unretrieved Twitter accounts found')
            continue
    else:
        cur.execute('SELECT id FROM People WHERE name = ? LIMIT 1',
                    (acct, ))
        try:
            id = cur.fetchone()[0]
        except:
            cur.execute('''INSERT OR IGNORE INTO People
                        (name, retrieved) VALUES (?, 0)''', (acct, ))
            conn.commit()
            if cur.rowcount != 1:
                print('Error inserting account:', acct)
                continue
            id = cur.lastrowid

url=twurl.augment(TWITTER_URL,{'screen_name':acct,'count':'100'})
print('Retrieving account', acct)
try:
    connection = urllib.request.urlopen(url, context=ctx)
except Exception as err:
    print('Failed to Retrieve', err)
    break

data = connection.read().decode()
headers = dict(connection.getheaders())

print('Remaining', headers['x-rate-limit-remaining'])

try:
    js = json.loads(data)
except:
    print('Unable to parse json')
    print(data)
    break

# Debugging
# print(json.dumps(js, indent=4))

if 'users' not in js:
    print('Incorrect JSON received')
    print(json.dumps(js, indent=4))
    continue

cur.execute('UPDATE People SET retrieved=1 WHERE name = ?', (acct, ))

countnew = 0
countold = 0
for u in js['users']:
    friend = u['screen_name']
```

```
        print(friend)
        cur.execute('SELECT id FROM People WHERE name = ? LIMIT 1',
                (friend, ))
        try:
            friend_id = cur.fetchone()[0]
            countold = countold + 1
        except:
            cur.execute('''INSERT OR IGNORE INTO People (name, retrieved)
                        VALUES (?, 0)''', (friend, ))
            conn.commit()
            if cur.rowcount != 1:
                print('Error inserting account:', friend)
                continue
            friend_id = cur.lastrowid
            countnew = countnew + 1
        cur.execute('''INSERT OR IGNORE INTO Follows (from_id, to_id)
                    VALUES (?, ?)''', (id, friend_id))
    print('New accounts=', countnew, ' revisited=', countold)
    print('Remaining', headers['x-rate-limit-remaining'])
    conn.commit()
cur.close()
```

 # Code: http://www.py4e.com/code3/twfriends.py

Questo programma sta iniziando a diventare un po' complicato, ma illustra gli schemi che dobbiamo usare quando usiamo le chiavi numeriche per collegare le tabelle. Lo schema di base è il seguente:

1. Creare tabelle con chiavi primarie e vincoli.
2. Quando abbiamo una chiave logica per una persona (ad esempio, il nome dell'account) e abbiamo bisogno del valore **id** per la persona, a seconda che la persona sia già nella tabella **Persone** o meno, abbiamo bisogno di: (1) cercare la persona nella tabella **Persone** e recuperare il valore **id** per la persona o (2) aggiungere la persona alla tabella **Persone** e ottenere il valore **id** per la riga appena aggiunta.
3. Inserire la riga che cattura la relazione "follows" Esamineremo ognuna di queste operazioni.

15.8.1   Vincoli nelle tabelle del database

Mentre progettiamo la struttura delle nostre tabelle, possiamo ordinare al sistema di database di imporre alcune regole, che ci aiutano a evitare di commettere errori e di introdurre dati errati nelle nostre tabelle. Quando creiamo le nostre tabelle:

```
cur.execute('''CREATE TABLE IF NOT EXISTS People
    (id INTEGER PRIMARY KEY, name TEXT UNIQUE, retrieved INTEGER)''')
cur.execute('''CREATE TABLE IF NOT EXISTS Follows
    (from_id INTEGER, to_id INTEGER, UNIQUE(from_id, to_id))''')
```

Stabiliamo che la colonna `name` nella tabella `People` deve essere `UNIQUE`. Indichiamo anche che la combinazione dei due numeri in ogni riga della tabella `Follows` deve essere unica. Questi vincoli ci impediscono di commettere errori, come l'aggiunta della stessa relazione più di una volta. Possiamo trarre vantaggio da questi vincoli nel seguente codice:

```
cur.execute('''INSERT OR IGNORE INTO People (name, retrieved)
    VALUES ( ?, 0)''', ( friend, ) )
```

Aggiungiamo la clausola `OR IGNORE` alla nostra istruzione `INSERT` per indicare che se questo particolare `INSERT` dovesse causare una violazione della regola "name deve essere univoco", il sistema di database può ignorare l'istruzione `INSERT` . Stiamo usando il vincolo del database come rete di sicurezza per assicurarci di non fare inavvertitamente qualcosa di sbagliato. Allo stesso modo, il codice seguente garantisce che non si aggiunga due volte la stessa relazione `Follows`.

```
cur.execute('''INSERT OR IGNORE INTO Follows
    (from_id, to_id) VALUES (?, ?)''', (id, friend_id) )
```

Di nuovo, diciamo semplicemente al database di ignorare il nostro tentativo "INSERT" nel caso questo violi il vincolo di unicità che abbiamo specificato per le righe "Follows".

15.8.2 Recuperare e/o inserire un record

Quando chiediamo all'utente di digitare un account Twitter, se l'account esiste, dobbiamo cercare il suo valore `id`. Se l'account non esiste ancora nella tabella `People`, dobbiamo inserire il record e ottenere il valore `id` dalla riga inserita. Questo è uno schema molto comune e viene eseguito due volte nel programma precedente. Questo codice mostra come si cerca l'ID dell'account di un amico quando abbiamo estratto uno `screen_name` da un nodo `utente` nel JSON di account recuperati di Twitter. Dato che col passare del tempo sarà sempre più probabile che l'account sia già nel database, per prima cosa controlleremo se il record `People` esiste usando un'istruzione `SELECT`. Se tutto va bene [2] All'interno della sezione `try`, recuperiamo il record usando `fetchone()` e quindi recuperiamo il primo (e unico) elemento della tupla restituita e lo memorizziamo in `friend_id`. Se `SELECT` fallisce, il codice `fetchone()[0]` fallirà e il controllo verrà trasferito nella sezione `except`.

```
    friend = u['screen_name']
    cur.execute('SELECT id FROM People WHERE name = ? LIMIT 1',
        (friend, ) )
    try:
        friend_id = cur.fetchone()[0]
        countold = countold + 1
    except:
```

---

[2]In generale, quando una frase inizia con "se tutto va bene" scoprirete che il codice deve usare try/except.

```
    cur.execute('''INSERT OR IGNORE INTO People (name, retrieved)
        VALUES ( ?, 0)''', ( friend, ) )
    conn.commit()
    if cur.rowcount != 1 :
        print('Error inserting account:',friend)
        continue
    friend_id = cur.lastrowid
    countnew = countnew + 1
```

Se finiamo nel codice `except`, significa semplicemente che la riga non è stata trovata, quindi dobbiamo inserirla. Usiamo `INSERT OR IGNORE` solo per evitare errori e quindi richiamiamo `commit()` per rendere effettivo l'aggiornamento del database. Al termine della scrittura, possiamo controllare il valore di "cur.rowcount" per vedere quante righe sono state interessate. Poiché stiamo tentando di inserire una singola riga, se il numero di righe interessate è diverso da 1, si tratta di un errore. Se "INSERT" ha successo, possiamo dare un'occhiata a "cur.lastrowid" per scoprire quale valore il database ha assegnato alla colonna "id' nella nostra riga appena creata.

15.8.3   Memorizzare la relazione di amicizia

Una volta che conosciamo il valore chiave sia per l'utente di Twitter che per l'amico nel JSON, è semplice inserire i due numeri nella tabella `Follows` con il seguente codice:

```
cur.execute('INSERT OR IGNORE INTO Follows (from_id, to_id) VALUES (?, ?)',
    (id, friend_id) )
```

Si noti che lasciamo che il database si preoccupi di impedirci di "raddoppiare" una relazione creando la tabella con un vincolo di unicità e quindi aggiungendo "OR IGNORE" nella nostra istruzione "INSERT". Ecco un'esempio di esecuzione di questo programma:

```
Enter a Twitter account, or quit:
No unretrieved Twitter accounts found
Enter a Twitter account, or quit: drchuck
Retrieving http://api.twitter.com/1.1/friends ...
New accounts= 20  revisited= 0
Enter a Twitter account, or quit:
Retrieving http://api.twitter.com/1.1/friends ...
New accounts= 17  revisited= 3
Enter a Twitter account, or quit:
Retrieving http://api.twitter.com/1.1/friends ...
New accounts= 17  revisited= 3
Enter a Twitter account, or quit: quit
```

Abbiamo iniziato con l'account `drchuck` e poi il programma ha selezionato automaticamente i due account successivi da recuperare e aggiungere al nostro database. Quanto segue sono le prime righe nelle tabelle `People` e `Follows` dopo che questa esecuzione è stata completata:

```
People:
(1, 'drchuck', 1)
(2, 'opencontent', 1)
(3, 'lhawthorn', 1)
(4, 'steve_coppin', 0)
(5, 'davidkocher', 0)
55 rows.
Follows:
(1, 2)
(1, 3)
(1, 4)
(1, 5)
(1, 6)
60 rows.
```

Potete vedere i campi `id,name` e `visited` nella tabella `People` e i conteggi di entrambe le estremità della relazione nella tabella `Follows`. Nella tabella `People`, possiamo vedere che le prime tre persone sono state visitate e i loro dati sono stati recuperati. I dati nella tabella `Follows` indicano che `drchuck` (utente 1) è amico di tutte le persone mostrate nelle prime cinque righe. Questo ha senso, perché i primi dati che abbiamo recuperato e archiviato sono stati gli amici di Twitter di "drchuck". Se dovessimo visualizzare più righe dalla tabella `Follows`, vedremmo anche gli amici degli utenti 2 e 3.

15.9   Tre tipi di chiavi

Ora che abbiamo iniziato a costruire un modello di dati inserendo i nostri dati in più tabelle collegate e correlando le righe in quelle tabelle usando le *chiavi* , dobbiamo dare un'occhiata alla terminologia relativa alle chiavi. Esistono generalmente tre tipi di chiavi utilizzate in un modello di database.

- Una *chiave logica* è una chiave che il "mondo reale" potrebbe utilizzare per cercare una riga. Nel nostro esempio di modello di dati, il campo `name` è una chiave logica. È lo pseudonimo dell'utente e in effetti esaminiamo più volte la riga di un utente nel programma usando il campo `name`. Spesso troverete che ha senso aggiungere un vincolo `UNIQUE` a una chiave logica. Poiché la chiave logica è il modo in cui cerchiamo una riga dal mondo esterno, non ha senso consentire che più righe di una tabella abbiano lo stesso valore.

- Una *chiave primaria* è solitamente un numero che viene assegnato automaticamente dal database. Generalmente non ha alcun significato al di fuori del programma e viene utilizzato solo per collegare insieme le righe di tabelle diverse. Quando vogliamo cercare una riga in una tabella, in genere la ricerca che utilizza la chiave primaria è il modo più veloce per trovarla. Poiché le chiavi primarie sono numeri interi, occupano pochissimo spazio di archiviazione e possono essere confrontate o ordinate molto rapidamente. Nel nostro modello di dati, il campo `id` è un esempio di una chiave primaria.

- Una *chiave esterna* è solitamente un numero che punta alla chiave primaria di una riga associata in una tabella diversa. Un esempio di chiave esterna nel nostro modello di dati è `from_id`. Stiamo usando una convenzione di denominazione per chiamare sempre il nome di campo della chiave primaria `id` e aggiungere il suffisso `_id` a qualsiasi nome di campo che sia una chiave esterna.

15.10 Utilizzare JOIN per recuperare dati

Ora che abbiamo seguito le regole della normalizzazione del database e abbiamo separato i dati in due tabelle collegate tra loro usando chiavi primarie e esterne, dobbiamo essere in grado di costruire un `SELECT` che riassembla i dati delle tabelle. SQL utilizza la clausola `JOIN` per ricollegare queste tabelle. Nella clausola `JOIN` si specificano i campi utilizzati per ricollegare le righe tra le tabelle. Quello che segue è un esempio di un `SELECT` con una clausola `JOIN`:

```
SELECT * FROM Follows JOIN People
    ON Follows.from_id = People.id WHERE People.id = 1
```

La clausola `JOIN` indica che stiamo selezionando dei campi fra le tabelle `Follows` e `People`. La clausola `ON` indica come le due tabelle devono essere unite: prendiamo le righe da `Follows` e aggiungiamo la riga da `People` quando il campo `from_id` in `Follows` è lo stesso valore di `id` nella tabella `People`.

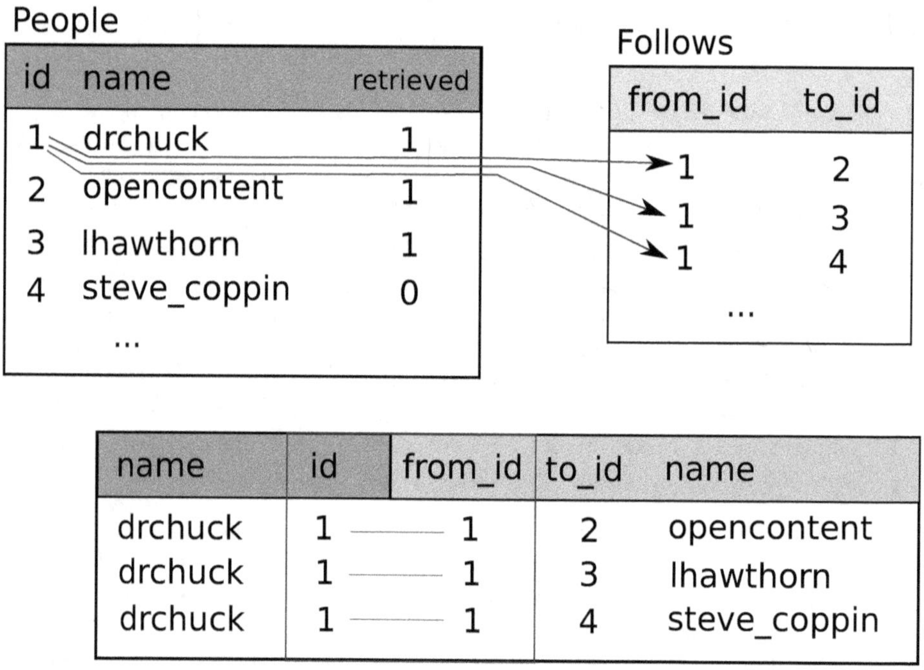

Figura 15.5: Connettere tabelle usando JOIN

Il risultato dell'operazione JOIN consiste nel creare "metarighe" lunghissime che contengono sia i campi da "People" che i campi corrispondenti di "Follows". Quando c'è più di una corrispondenza tra il campo `id` di `People` e `from_id` di `People`,

JOIN crea una metariga per *ciascuna* delle coppie di righe corrispondenti, duplicando i dati secondo necessità. Il seguente codice mostra i dati che avremo nel database dopo che il (precedente) programma multitabella spider di Twitter è stato eseguito più volte.

```python
import sqlite3

conn = sqlite3.connect('friends.sqlite')
cur = conn.cursor()

cur.execute('SELECT * FROM People')
count = 0
print('People:')
for row in cur:
    if count < 5: print(row)
    count = count + 1
print(count, 'rows.')

cur.execute('SELECT * FROM Follows')
count = 0
print('Follows:')
for row in cur:
    if count < 5: print(row)
    count = count + 1
print(count, 'rows.')

cur.execute('''SELECT * FROM Follows JOIN People
        ON Follows.to_id = People.id
        WHERE Follows.from_id = 2''')
count = 0
print('Connections for id=2:')
for row in cur:
    if count < 5: print(row)
    count = count + 1
print(count, 'rows.')

cur.close()
```

```
# Code: http://www.py4e.com/code3/twjoin.py
```

In questo programma, prima scarichiamo **People** e **Follows** e poi scarichiamo un sottoinsieme dei dati uniti delle tabelle. Ecco l'output del programma:

```
python twjoin.py
People:
(1, 'drchuck', 1)
(2, 'opencontent', 1)
(3, 'lhawthorn', 1)
(4, 'steve_coppin', 0)
(5, 'davidkocher', 0)
55 rows.
```

```
Follows:
(1, 2)
(1, 3)
(1, 4)
(1, 5)
(1, 6)
60 rows.
Connections for id=2:
(2, 1, 1, 'drchuck', 1)
(2, 28, 28, 'cnxorg', 0)
(2, 30, 30, 'kthanos', 0)
(2, 102, 102, 'SomethingGirl', 0)
(2, 103, 103, 'ja_Pac', 0)
20 rows.
```

Le colonne delle tabelle `People` e `Follows` e l'ultimo insieme di righe sono il risultato di `SELECT` con la clausola `JOIN`. Nell'ultima selezione, cerchiamo account di amici di "opencontent" (ad es. `People.id = 2`). In ognuna delle "metarighe" nell'ultima selezione, le prime due colonne provengono dalla tabella `Follows` seguita dalle colonne da tre a cinque dalla tabella `People`. Potete anche vedere che la seconda colonna (`Follows.to_id`) corrisponde alla terza colonna (`People.id`) in ognuna delle "metarighe" unite.

15.11 Riassunto

Questo capitolo ha fatto un bel po' di strada per darvi una panoramica elementare sull'utilizzo di un database in Python. Scrivere il codice per utilizzare un database per archiviare i dati è più complicato rispetto ai dizionari Python o ai semplici file, quindi ci sono pochi motivi per utilizzare un database a meno che l'applicazione non abbia realmente bisogno delle sue funzionalità. Le situazioni in cui un database può essere abbastanza utile sono: (1) quando l'applicazione deve effettuare piccoli aggiornamenti casuali all'interno di un insieme di dati di grandi dimensioni, (2) quando i dati sono così grandi che non possono essere contenuti in un dizionario e bisogna cercare ripetutamente delle informazioni o (3) quando si ha un processo di lunga durata che si desidera essere in grado di interrompere e riavviare e conservare i dati da una esecuzione all'altra.

È possibile creare un semplice database con una singola tabella per soddisfare le esigenze di molte applicazioni, ma la maggior parte dei problemi richiederà diverse tabelle e collegamenti/relazioni tra le righe in diverse tabelle. Quando si inizia a creare collegamenti tra tabelle, è importante eseguire una progettazione ponderata e seguire le regole della normalizzazione del database per sfruttare al meglio le capacità del database. Poiché la motivazione principale per l'utilizzo di un database è che avete una grande quantità di dati da trattare, è importante modellare i vostri dati in modo efficiente in modo che i vostri programmi funzionino il più velocemente possibile.

15.12   Debug

Uno schema comune quando si sviluppa un programma Python per connettersi a un database SQLite sarà eseguire un programma Python e controllare i risultati utilizzando il Browser di database per SQLite. Il browser consente di verificare rapidamente se il programma funziona correttamente. Dovete stare attenti perché SQLite si preoccupa di evitare che due programmi modifichino gli stessi dati contemporaneamente. Ad esempio, se si apre un database nel browser e si apporta una modifica senza premere il pulsante "Salva", il browser "blocca" il file di database e impedisce a qualsiasi altro programma di accedere al file. In particolare, il vostro programma Python non sarà in grado di accedere al file se è bloccato. Quindi una soluzione è assicurarsi di chiudere il browser del database o utilizzare il menu *File* per chiudere il database nel browser prima di tentare di accedere al database da Python per evitare il malfunzionamento del codice Python perché il database è bloccato .

15.13   Glossario

Attributo Uno dei valori all'interno di una tupla. Più comunemente chiamato "colonna" o "campo".

Vincolo Quando diciamo al database di applicare una regola su un campo o una riga in una tabella. Un vincolo comune è quello di stabilire che non ci possono essere valori duplicati in un campo particolare (cioè, tutti i valori devono essere unici).

Cursore Un cursore consente di eseguire comandi SQL in un database e recuperare i dati dal database. Un cursore è simile a un socket o un handle di file per connessioni di rete e file, rispettivamente.

Browser del database Un software che consente di connettersi direttamente a un database e manipolare il database direttamente senza scrivere un programma.

Chiave esterna Una chiave numerica che punta alla chiave primaria di una riga in un'altra tabella. Le chiavi esterne stabiliscono relazioni tra righe memorizzate in tabelle diverse.

Indice Dati aggiuntivi che il software del database conserva come righe e inserisce in una tabella per rendere le ricerche molto veloci.

Chiave logica Una chiave che il "mondo esterno" utilizza per cercare una particolare riga. Ad esempio in una tabella di account utente, l'indirizzo email di una persona potrebbe essere un buon candidato come chiave logica per i dati dell'utente.

Normalizzazione Progettazione di un modello di dati in modo che nessun dato sia replicato. Archiviamo ogni elemento di dati in un posto nel database e facciamo altrove riferimento ad essi utilizzando una chiave esterna.

Chiave primaria Una chiave numerica assegnata a ciascuna riga che viene utilizzata per fare riferimento a una riga in una tabella da un'altra tabella. Spesso il database è configurato per assegnare automaticamente le chiavi primarie quando vengono inserite le righe.

Relazione Un'area all'interno di un database che contiene tuple e attributi. Più comunemente chiamata "tabella".

Tupla Una singola voce in una tabella di database che è un insieme di attributi. Più comunemente chiamata "riga".

Capitolo 16

Come visualizzare dati

Finora abbiamo studiato il linguaggio Python per capirne l'utilizzo in internet o con i database per manipolare dati.

In questo capitolo, daremo un'occhiata a tre applicazioni che combinano tutti gli aspetti precedenti per gestire e visualizzare dati. Puoi considerare queste applicazioni come spunto per affrontare i problemi reali che potresti dover affrontare in futuro.

Ciascuna applicazione è contenuta in un file ZIP che potrai scaricare, estrarre nel tuo computer ed eseguire.

16.1 Costruire una Google map partendo da dati geocodificati

In questo progetto, utilizziamo l'API di geocodifica di Google per gestire la posizione geografica di alcune università visualizzandole su una Google Map.

Per iniziare, scarica l'applicazione da: www.py4e.com/code3/geodata.zip.

Il primo problema da risolvere è dato dal fatto che le richieste gratuite di geocodifica all'API di Google sono limitate a un determinato numero. Se dovessi controllare la posizione di molte entità, potresti essere obbligato ad interrompere e riavviare il processo di ricerca diverse volte. É meglio quindi suddividere il problema in due fasi.

Nella prima fase prendiamo il nostro input "survey" nel file *where.data*, ne leggiamo una riga alla volta e, dopo aver recuperato le relative informazioni geocodificate da Google, le archiviamo nel database *geodata.sqlite*. Prima di utilizzare l'API di geocodifica per ogni entità inserita dall'utente, eseguiremo un semplice controllo per verificare se siamo già in possesso dei dati relativi a quella particolare riga di input. In altre parole il database si comporta come se fosse una "cache" locale dei dati di geocodifica che ci servono in modo da evitare di chiedere a Google due o piu volte la stessa cosa.

Ti sarà possibile riavviare da zero il processo in qualsiasi momento eliminando il file *geodata.sqlite*.

Figura 16.1: Una Google Map

Avvia ora il programma *geoload.py*. Questo script leggerà le righe di input in
where.data e verificherà se sono già presenti nel database. Se non disponiamo
della posizione richiesta, il programma farà una chiamata all'API di Google per
recuperare i dati e salvarli nel database.

Ecco un esempio di come si comporti lo script nel caso il database già contenga
quanto ci serve:

```
Found in database  Northeastern University
Found in database  University of Hong Kong, ...
Found in database  Technion
Found in database  Viswakarma Institute, Pune, India
Found in database  UMD
Found in database  Tufts University

Resolving Monash University
Retrieving http://maps.googleapis.com/maps/api/
    geocode/json?address=Monash+University
Retrieved 2063 characters {    "results" : [
{'status': 'OK', 'results': ... }

Resolving Kokshetau Institute of Economics and Management
Retrieving http://maps.googleapis.com/maps/api/
    geocode/json?address=Kokshetau+Inst ...
Retrieved 1749 characters {    "results" : [
{'status': 'OK', 'results': ... }
...
```

Le prime cinque entità sono state saltate poiché erano già presenti nel database. Il programma ha continuato la verifica fino a quando ha trovato una entità con la posizione mancante e ne ha iniziato il recupero.

Il programma *geoload.py*, che può essere interrotto in qualsiasi momento, é dotato di un contatore che permette di limitare il numero di chiamate all'API di Google in ciascuna esecuzione. Dato che *where.data* contiene solo poche centinaia di elementi di dati non dovresti superare il limite giornaliero. Nel caso tu disponga di più entità da verificare potrebbe essere necessario eseguire più volte il programma in giorni diversi prima di ottenere tutti i dati che ti servono.

Tramite lo script *geodump.py* ti é visualizzare i dati già caricati nel database *geodata.sqlite*. Questo programma crea il file JavaScript eseguibile *where.js* contenente l'indirizzo, la latitudine e la longitudine di ogni entità utilizzando i dati contenuti nel tuo database.

Questo é un esempio di output del programma *geodump.py*:

```
Northeastern University, ... Boston, MA 02115, USA 42.3396998 -71.08975
Bradley University, 1501 ... Peoria, IL 61625, USA 40.6963857 -89.6160811
...
Technion, Viazman 87, Kesalsaba, 32000, Israel 32.7775 35.0216667
Monash University Clayton ... VIC 3800, Australia -37.9152113 145.134682
Kokshetau, Kazakhstan 53.2833333 69.3833333
...
12 records written to where.js
Open where.html to view the data in a browser
```

Il file *where.html*, costituito da codice HTML e JavaScript, permette di visualizzare in una Google Map i dati più recenti contenuti in *where.js*. Questo é un esempio della struttura del file *where.js*:

```
myData = [
[42.3396998,-71.08975, 'Northeastern Uni ... Boston, MA 02115'],
[40.6963857,-89.6160811, 'Bradley University, ... Peoria,
IL 61625, USA'], [32.7775,35.0216667, 'Technion, Viazman 87,
Kesalsaba, 32000, Israel'],
    ...
];
```

Questa è una variabile JavaScript che contiene un elenco di elenchi. La sintassi per le costanti dell'elenco JavaScript dovrebbe esserti familiare in quanto molto simile a quella di Python.

Per poter vedere le posizioni geografiche delle entità devi aprire *where.html* in un browser. Passando con il mouse su ciascun marker della mappa vedrai la posizione che restituita dall'API di geocodifica. Se aprendo il file *where.html* non riesci a vedere alcun dato, prova a verificare le impostazioni della console JavaScript o sviluppatore del tuo browser.

16.2   Visualizzare reti e interconnessioni

Tramite questa applicazione sperimenteremo alcune funzioni tipiche di un motore
di ricerca. Per prima cosa analizzeremo una piccola porzione del web e, tramite
una versione semplificata dell'algoritmo di ranking delle pagine di Google, deter-
mineremo quali pagine siano maggiormente connesse. Infine visualizzeremo il rank
delle singole pagine e la connessioni del nostro piccolo angolo di Rete. Utilizzeremo
la libreria JavaScript D3 http://d3js.org/ per rappresentare visivamente l'output.

Puoi scaricare ed estrarre questa applicazione da: www.py4e.com/code3/pagerank.zip

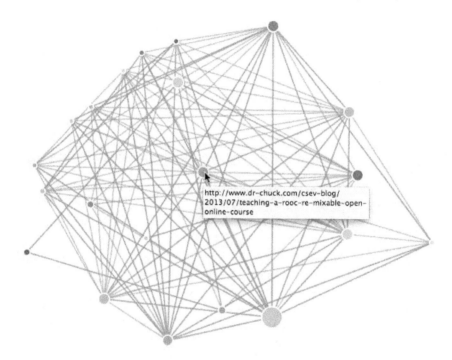

Figura 16.2: A Page Ranking

Il primo script (*spider.py*) esegue la scansione di un sito Web e inserisce la serie di
pagine nel database (*spider.sqlite*), registrando anche i collegamenti tra le singole
pagine. È possibile riavviare da zero il processo in qualsiasi momento eliminando
il file *spider.sqlite* ed eseguendo nuovamente *spider.py*.

```
Enter web url or enter: http://www.dr-chuck.com/
['http://www.dr-chuck.com']
How many pages:2
1 http://www.dr-chuck.com/ 12
2 http://www.dr-chuck.com/csev-blog/ 57
How many pages:
```

In questo esempio, abbiamo indicato al programma di eseguire la scansione di
un sito Web specifico (http://www.dr-chuck.com/) e di recuperarne due pagine.
Se dovessi riavviare lo script per controllare altre pagine, ricorda che quelle già
presenti nel database non verranno prese in considerazione; lo spider invece avvierà

il processo di acquisizione partendo da una pagina scelta in modo casuale tra quelle non ancora acquisite. Ogni successiva esecuzione di *spider.py* è quindi da considerare incrementale rispetto alle precedenti.

```
Enter web url or enter: http://www.dr-chuck.com/
['http://www.dr-chuck.com']
How many pages:3
3 http://www.dr-chuck.com/csev-blog 57
4 http://www.dr-chuck.com/dr-chuck/resume/speaking.htm 1
5 http://www.dr-chuck.com/dr-chuck/resume/index.htm 13
How many pages:
```

in altre parole nello stesso database/programma possono essere presenti più punti di partenza potenziali, chiamati "web". Lo spider sceglie casualmente la successiva pagina da elaborare tra tutti i link non ancora visitati.

Tramite *spdump.py* puoi scaricare il contenuto del file *spider.sqlite*:

```
(5, None, 1.0, 3, 'http://www.dr-chuck.com/csev-blog')
(3, None, 1.0, 4, 'http://www.dr-chuck.com/dr-chuck/resume/speaking.htm')
(1, None, 1.0, 2, 'http://www.dr-chuck.com/csev-blog/')
(1, None, 1.0, 5, 'http://www.dr-chuck.com/dr-chuck/resume/index.htm')
4 rows.
```

Questo comando ti permette di visualizzare il numero di collegamenti in entrata, la precedente e la nuova classificazione della pagina, il suo identificativo ed il suo indirizzo. Nota che *spdump.py* mostra solo le pagine che contengono almeno un collegamento in entrata.

Una volta che avrai popolato il database con un numero sufficiente di pagine, puoi calcolare il rank delle pagine tramite *sprank.py*. Devi semplicemente indicargli quante iterazioni di classificazione delle pagine eseguire.

```
How many iterations:2
1 0.546848992536
2 0.226714939664
[(1, 0.559), (2, 0.659), (3, 0.985), (4, 2.135), (5, 0.659)]
```

Puoi scaricare nuovamente il contenuto del database per vedere se la classificazione delle pagine è stata modificata:

```
(5, 1.0, 0.985, 3, 'http://www.dr-chuck.com/csev-blog')
(3, 1.0, 2.135, 4, 'http://www.dr-chuck.com/dr-chuck/resume/speaking.htm')
(1, 1.0, 0.659, 2, 'http://www.dr-chuck.com/csev-blog/')
(1, 1.0, 0.659, 5, 'http://www.dr-chuck.com/dr-chuck/resume/index.htm')
4 rows.
```

Puoi eseguire *sprank.py* a volontà: ad ogni esecuzione verrà raffinata la classificazione delle pagine. Puoi anche eseguire *sprank.py* un paio di volte, acquisire altre pagine con *spider.py* e quindi eseguire nuovamente *sprank.py* per ricontrollare il rank delle pagine. Generalmente un motore di ricerca esegue contemporaneamente la scansione ed il rank delle pagine.

Se desideri, avviando prima *spreset.py* e successivamente *sprank.py*, puoi resettare il rank delle pagine senza effettuare nuovamente lo "spidering" delle pagine Web.

```
How many iterations:50
1 0.546848992536
2 0.226714939664
3 0.0659516187242
4 0.0244199333
5 0.0102096489546
6 0.00610244329379
...
42 0.000109076928206
43 9.91987599002e-05
44 9.02151706798e-05
45 8.20451504471e-05
46 7.46150183837e-05
47 6.7857770908e-05
48 6.17124694224e-05
49 5.61236959327e-05
50 5.10410499467e-05
[(512, 0.0296), (1, 12.79), (2, 28.93), (3, 6.808), (4, 13.46)]
```

Ad ogni iterazione di questo algoritmo viene visualizzata la variazione media del rank della pagina. Dato che all'inizio la rete è piuttosto sbilanciata, potrai notare una notevole variazione iniziale del rank delle pagine che, nel corso delle varie iterazioni tenderà successivamente a stabilizzarsi. È il caso che tu esegua *sprank.py* fino a quando noti che questo valore non subisce variazioni significative.

Grazie a *spjson.py* potrai visualizzare le pagine attualmente con rank maggiore: i loro valori verranno estratti dal database e salvati in un formato JSON.

```
Creating JSON output on spider.json...
How many nodes? 30
Open force.html in a browser to view the visualization
```

Potrai visualizzare la struttura dei nodi e dei collegamenti relativi a questi dati aprendo il file *force.html* in un browser. una volta aperto il file ti sarà possibile, tramite un clic, trascinare qualsiasi nodo e, tramite il doppio clic, visualizzare l'URL di un nodo specifico.

Se nel frattempo utilizzi una delle funzioni precedenti, potrai consultare i dati aggiornati contenuti in *spider.json* rieseguendo nuovamente *spjson.py* e premendo F5 una volta ritornato sul browser.

16.3   Visualizzazione dei dati della posta elettronica

Arrivato a questo punto del libro, dovresti aver acquisito una discreta familiarità con i file *mbox-short.txt* e *mbox.txt*. Ora è il momento di portare ad un livello superiore la tua capacità di analisi dei dati di posta elettronica.

Nel mondo reale potrebbe capitarti di dover estrarre i dati di email dai server di posta elettronica. Questa operazione può richiedere tempo e i dati ottenuti potrebbero essere incoerenti, pieni di errori al punto da richiedere attività di normalizzazione o rettifica. In questa sezione, lavoreremo con l'applicazione più complessa tra quelle finora esaminate che ti permetterà di acquisire e visualizzare quasi un gigabyte di dati.

Figura 16.3: A Word Cloud from the Sakai Developer List

È possibile scaricare questa applicazione da:

www.py4e.com/code3/gmane.zip.

Utilizzeremo i dati di un servizio gratuito di archiviazione di elenchi di posta elettronica chiamato www.gmane.org. Questo servizio è molto popolare fra i progetti open source sia perché fornisce un archivio consultabile della loro attività di posta elettronica sia perché ha anche una politica molto liberale sull'accesso ai dati attraverso la loro API. Non hanno limiti di velocità nella consultazione, ma richiedono di non sovraccaricare il loro servizio e di prelevare solo i dati necessari. Potrai leggere i termini e le condizioni di gmane in questa pagina:

http://gmane.org/export.php.

È molto importante usare responsabilmente i dati di gmane.org inserendo delle pause durante l'accesso ai loro servizi e distribuendo i compiti più prolungati in un arco di tempo più lungo. Non abusare di questo servizio gratuito e non rovinarlo a discapito di tutti noi.

L'estrazione dei dati delle e-mail di Sakai tramite il nostro spider richiederà diversi giorni ed alla fine essi occuperanno quasi un gigabyte di spazio. Il file *READ-ME.txt* contenuto nello ZIP sopra riportato dovrebbe contenere istruzioni su come scaricare una copia parziale del file *content.sqlite* contenente la maggior parte dell'insieme delle e-mail di Sakai che ti eviterà di dover passare quasi una settimana a scaricare dati. anche se scarichi questo file, dovrai comunque far girare lo spider per recuperare i messaggi più recenti.

Il primo passo è quello di lanciare lo spider sul repository gmane. L'URL di base
è inserito direttamente in *gmane.py* ed è presente nell'elenco degli sviluppatori di
Sakai. Puoi esaminare in qualunque momento un altro repository cambiando l'url
di base ed assicurandoti di eliminare il file *content.sqlite*.

Il file *gmane.py* opera come uno spider responsabile dato che la sua velocità di
esecuzione é lenta: recupera un messaggio di posta elettronica al secondo in modo
da evitare di essere limitato da gmane. Memorizza tutti i dati in un database
e può essere interrotto e riavviato tutte le volte che sia necessario. Dato che
probabilmente saranno necessarie molte ore per scaricare tutti i dati, potrebbe
essere necessario riavviare più volte questo script più volte.

Ecco un esempio dell'esecuzione di *gmane.py* durante il recupero degli ultimi cinque
messaggi dalla lista degli sviluppatori di Sakai:

```
How many messages:10
http://download.gmane.org/gmane.comp.cms.sakai.devel/51410/51411 9460
    nealcaidin@sakaifoundation.org 2013-04-05 re: [building ...
http://download.gmane.org/gmane.comp.cms.sakai.devel/51411/51412 3379
    samuelgutierrezjimenez@gmail.com 2013-04-06 re: [building ...
http://download.gmane.org/gmane.comp.cms.sakai.devel/51412/51413 9903
    da1@vt.edu 2013-04-05 [building sakai] melete 2.9 oracle ...
http://download.gmane.org/gmane.comp.cms.sakai.devel/51413/51414 349265
    m.shedid@elraed-it.com 2013-04-07 [building sakai] ...
http://download.gmane.org/gmane.comp.cms.sakai.devel/51414/51415 3481
    samuelgutierrezjimenez@gmail.com 2013-04-07 re: ...
http://download.gmane.org/gmane.comp.cms.sakai.devel/51415/51416 0

Does not start with From
```

Il programma esegue un controllo di *content.sqlite* partendo dal primo messaggio
fino a quello non ancora esaminato ed avvia la ricerca automatica partendo da
quello poi continua a lavorare fino a quando non ha esaminato il numero desiderato
di messaggi o raggiunge una pagina che non somiglia a un messaggio formattato
correttamente.

A volte capita che in gmane.org manchi un messaggio. Forse gli amministratori
possono eliminare messaggi o forse si perdono. Se lo spider si ferma e sembra
che abbia raggiunto una posizione con un messaggio mancante, tramite l'SQLite
Manager aggiungi una riga con l'id mancante lasciando vuoti tutti gli altri campi
e riavvia *gmane.py*. In questo modo potrai sbloccare il processo di spidering e
permetterà al sistema di continuare. Questi messaggi vuoti verranno ignorati nella
fase successiva dell'analisi.

Il bello è che una volta che hai esaminato automaticamente tutti i messaggi e li
hai inseriti in *content.sqlite*, puoi eseguire nuovamente *gmane.py* per ottenere i
messaggi che man mano vengono inviati alla lista.

I dati contenuti in *content.sqlite* sono piuttosto grezzi, non compressi e con una
struttura inefficiente. Questo è intenzionale in quanto ti consente di esaminare
content.sqlite tramite SQLite Manager per eseguire il debug dei problemi derivanti
dal processo di spidering. Eseguire delle query su questo database è probabilmente
una cattiva idea poiché queste sarebbero piuttosto lente.

La seconda parte del processo di analisi viene eseguita dallo script *gmodel.py*: i dati grezzi contenuti in *content.sqlite* vengono letti ed analizzati e viene ne prodotto una versione pulita e ben modellata nel file *index.sqlite*. Questo database é normalmente molto più piccolo rispetto a *content.sqlite* (spesso fino a 10 volte minore rispetto all'originario) perché viene compresso il testo dell'intestazione del corpo.

Ogni volta che esegui *gmodel.py*, lo script elimina e ricostruisce *index.sqlite*, permettendoti di regolare i suoi parametri e modificare le tabelle di mappatura in *content.sqlite* per ottimizzare il processo di pulizia dei dati. Qui sotto è presente un esempio della esecuzione di *gmodel.py*: viene Visualizzata una riga ogni volta che vengono elaborati 250 messaggi di posta elettronica in modo da avvisarti dei progressi dell'analisi dato che questa potrebbe protrarsi per un bel po' prima di terminare l'elaborazione di quasi un gigabyte di dati di posta.

```
Loaded allsenders 1588 and mapping 28 dns mapping 1
1 2005-12-08T23:34:30-06:00 ggolden22@mac.com
251 2005-12-22T10:03:20-08:00 tpamsler@ucdavis.edu
501 2006-01-12T11:17:34-05:00 lance@indiana.edu
751 2006-01-24T11:13:28-08:00 vrajgopalan@ucmerced.edu
...
```

Il programma *gmodel.py* gestisce una serie di attività di pulizia dei dati.

I nomi di dominio sono troncati a due livelli per i .com, .org, .edu e .net. Altri nomi di dominio sono troncati a tre livelli. Quindi si.umich.edu diventa umich.edu e caret.cam.ac.uk diventa cam.ac.uk. Gli indirizzi di posta elettronica sono anche riscritti in lettere minuscole ed alcuni degli indirizzi di @gmane.org simili a:

```
arwhyte-63aXycvo3TyHXe+LvDLADg@public.gmane.org
```

vengono convertiti nell'indirizzo reale ogni volta che c'è una corrispondenza con un indirizzo e-mail reale corrispondente in un punto qualsiasi del corpo del messaggio.

Nel database *mapping.sqlite* sono presenti due tabelle che ti consentono di mappare sia i nomi di dominio sia i singoli indirizzi e-mail che cambiano nel corso della vita della mailing list. Ad esempio, Steve Githens ha utilizzato i seguenti indirizzi email quando ha cambiato lavoro durante la vita della lista degli sviluppatori di Sakai:

```
s-githens@northwestern.edu
sgithens@cam.ac.uk
swgithen@mtu.edu
```

Possiamo aggiungere due voci alla tabella Mapping in *content.sqlite* per fare sì che *gmodel.py* mappi correttamente tutti e tre gli indirizzi:

```
s-githens@northwestern.edu ->  swgithen@mtu.edu
sgithens@cam.ac.uk -> swgithen@mtu.edu
```

ti è inoltre possibile creare voci simili nella tabella DNSMapping se ci sono più nomi DNS che desideri associare a un singolo DNS. La seguente mappatura è stata aggiunta ai dati di Sakai:

```
iupui.edu -> indiana.edu
```

in modo che tutti gli account dei vari campus della Indiana University siano tracciati insieme.

ti è possibile eseguire *gmodel.py* ripetutamente mentre esamini i dati ed aggiungere tutte le mappature che ritieni necessarie per avere i dati sempre ordinati. Al termine d di questa fase, avrai ottenuto una versione ben indicizzata delle email in *index.sqlite*. Questo è il file che verrà utilizzato per eseguire l'analisi vera e propria dei dati che sarà molto rapida.

La prima semplice analisi dei dati è determinare "chi ha inviato la maggior parte dei messaggi" e "quale organizzazione ha inviato la maggior parte della email". Ciò é possibile tramite lo script *gbasic.py*:

```
How many to dump? 5
Loaded messages= 51330 subjects= 25033 senders= 1584

Top 5 Email list participants
steve.swinsburg@gmail.com 2657
azeckoski@unicon.net 1742
ieb@tfd.co.uk 1591
csev@umich.edu 1304
david.horwitz@uct.ac.za 1184

Top 5 Email list organizations
gmail.com 7339
umich.edu 6243
uct.ac.za 2451
indiana.edu 2258
unicon.net 2055
```

Nota che quanto rapidamente viene eseguito *gbasic.py* rispetto a *gmane.py* o anche *gmodel.py*. tutti gli script lavorando sugli stessi dati, ma *gbasic.py* sta usando i dati compressi e normalizzati in *index.sqlite*. Se devi gestire molti dati, un processo a più fasi come quello di questa applicazione potrebbe richiedere un po' più di tempo per essere sviluppato ma ti farà risparmiare un sacco di tempo quando inizierai veramente a esplorare e visualizzare i tuoi dati.

Puoi ottenere una prima visualizzazione della frequenza delle parole dell'oggetto delle email tramite *gword.py*:

```
Range of counts: 33229 129
Output written to gword.js
```

Il risultato viene salvato nel file *gword.js* che puoi visualizzare tramite *gword.htm* per produrre una nuvola di parole simile a quella mostrata all'inizio di questa sezione.

Una seconda visualizzazione è prodotta da *gline.py* in cui viene calcolata la partecipazione via e-mail da parte delle organizzazioni nel corso del tempo.

```
Loaded messages= 51330 subjects= 25033 senders= 1584
Top 10 Oranizations
['gmail.com', 'umich.edu', 'uct.ac.za', 'indiana.edu',
'unicon.net', 'tfd.co.uk', 'berkeley.edu', 'longsight.com',
'stanford.edu', 'ox.ac.uk']
Output written to gline.js
```

L'output viene salvato in *gline.js* che può essere visualizzato tramite *gline.htm*.

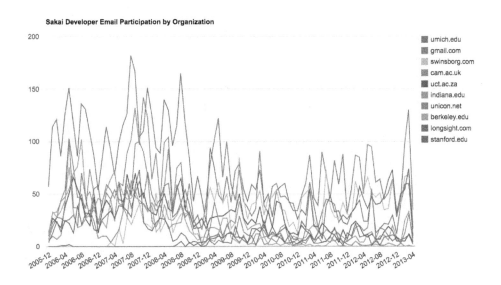

Figura 16.4: Sakai Mail Activity by Organization

Questa applicazione, relativamente complessa e sofisticata, ti ha permesso di esplorare le funzionalità di recupero, normalizzati e visualizzazione di dati reali.

Appendice A

Contributi

A.1 Elenco dei collaboratori di Python for Everybody

Elliott Hauser, Stephen Catto, Sue Blumenberg, Tamara Brunnock, Mihaela Mack, Chris Kolosiwsky, Dustin Farley, Jens Leerssen, Naveen KT, Mirza Ibrahimovic, Naveen (@togarnk), Zhou Fangyi, Alistair Walsh, Erica Brody, Jih-Sheng Huang, Louis Luangkesorn e Michael Fudge.

Qui potete vedere i dettagli dei contributi:

https://github.com/csev/py4e/graphs/contributors

A.2 Elenco dei Traduttori di Python per tutti

Traduzione a cura di Vittore Zen ed Alessandro Rossetti

Traduttori: Umberto Buonora, Gianfranco Frisani, Alessandro Rella, Alessandro Rossetti

Correzione Bozze: Silvia Baseggio, Alessandro Rella, Alessandro Rossetti

A.3 Elenco dei collaboratori per Python for Informatics

Bruce Shields per la correzione delle bozze iniziali, Sarah Hegge, Steven Cherry, Sarah Kathleen Barbarow, Andrea Parker, Radaphat Chongthammakun, Megan Hixon, Kirby Urner, Sarah Kathleen Barbrow, Katie Kujala, Noah Botimer, Emily Alinder, Mark Thompson-Kular, James Perry , Eric Hofer, Eytan Adar, Peter Robinson, Deborah J. Nelson, Jonathan C. Anthony, Eden Rassette, Jeannette Schroeder, Justin Feezell, Chuanqi Li, Gerald Gordinier, Gavin Thomas Strassel, Ryan Clement, Alissa Talley, Caitlin Holman, Yong- Mi Kim, Karen Stover, Cherie

Edmonds, Maria Seiferle, Romer Kristi D. Aranas (RK), Grant Boyer, Hedemarrie
Dussan.

A.4   Prefazione per "Think Python"

A.4.1   La strana storia di "Think Python"

(Allen B. Downey)

Nel Gennaio 1999 mi stavo preparando a tenere un corso introduttivo sulla programmazione in Java. Lo avevo già tenuto tre volte ed ero frustrato: la percentuale di fallimento del corso era molto alta ed anche gli studenti che lo superavano,
raggiungevano un livello generale troppo basso.

Uno dei problemi che avevo notato erano i libri di testo. Troppo voluminosi, con
troppi dettagli non necessari su Java e non abbastanza istruzioni di alto livello su
come scrivere i programmi. E tutti risentivano dell'effetto botola: cominciavano
tranquillamente, procedevano gradualmente ma, intorno al Capitolo 5, la botola
si apriva e in molti vi cadevano. Gli studenti si ritrovavano con troppo materiale
nuovo, tutto insieme e troppo in fretta e io dovevo spendere il resto del semestre a
rimettere insieme i pezzi.

Due settimane prima dell'inizio del corso, decisi di scrivere il mio libro di testo. I
miei obiettivi erano:

- essere conciso. Per gli studenti è molto meglio leggere 10 pagine che non
  leggerne 50,
- prestare attenzione al vocabolario. Ho cercato di minimizzare il gergo e
  definire ogni termine sin dal primo uso,
- procedere gradualmente. Per evitare trappole ho preso gli argomenti più
  difficili e li ho suddivisi in piccoli passi,
- focalizzarmi sulla programmazione, non sul linguaggio. Ho incluso la minima
  selezione utile di Java ed ho tralasciato il resto.

Mi serviva un titolo e quasi per scherzo ho scelto *How to Think Like a Computer
Scientist*.

La prima versione era grezza ma funzionava. Gli studenti leggevano e capivano
abbastanza da permettermi di spendere il tempo in classe sugli argomenti più
ostici, più interessanti e (cosa più importante) facendo far pratica agli studenti.

Pubblicai il libro sotto la GNU Free Documentation License, che permette agli
utenti di copiare, modificare e ridistribuire il libro.

Quello che successe dopo fu la parte migliore. Jeff Elkner, un insegnate di scuola
superiore in Virginia, ha adottato il mio libro e lo ha "tradotto" per Python. Mi
inviò una copia del suo riadattamento ed ebbi la strana esperienza di imparare
Python leggendo il mio stesso libro.

Jeff ed io rivedemmo insieme il libro includendo anche uno caso di studio di Chris
Meyers e, nel 2001, pubblicammo *How to Think Like a Computer Scientist: Lear-
ning with Python* anch'esso sotto GNU Free Documentation License. Come Green

Tea Press, pubblicai il libro ed iniziai a venderne copie via Amazon.com e librerie dei college. Altri libri di Green Tea Press sono disponibili presso greenteapress.co m.

Nel 2003 insegnai all'Olin College ed ebbi modo di insegnare Python per la prima volta. Il contrasto con Java era impressionante: gli studenti avevano meno difficoltà, imparavano di più, lavoravano a progetti più interessanti e, in generale, si divertivano molto di più.

Nei seguenti 5 anni ho continuato a sviluppare il libro, correggere gli errori, migliorare gli esempi e ad aggiungere materiale, specialmente gli esercizi. Nel 2008 ho iniziato a lavorare ad una importante revisione e allo stesso tempo sono stato contattato da un editore della Cambridge University Press che era intenzionato a pubblicare la nuova versione del libro. Tempismo eccellente!

Spero che vi piaccia lavorare con questo libro, che vi aiuti ad imparare a programmare e a pensare, almeno un po', come un Computer Scientist.

A.4.2   Ringraziamenti per "Think Python"

(Allen B. Downey)

Innanzitutto, e soprattutto, ringrazio Jeff Elkner, che ha "tradotto" il mio libro Java in Python, che ha avviato questo progetto e mi ha presentato quello che è diventato il mio linguaggio preferito.

Ringrazio anche Chris Meyers, che ha contribuito a diverse sezioni di *How to Think Like a Computer Scientist*.

E ringrazio la Free Software Foundation per aver sviluppato la GNU Free Documentation License, che ha contribuito a rendere possibile la mia collaborazione con Jeff e Chris.

Ringrazio anche gli editori di Lulu che hanno lavorato a *How to Think Like a Computer Scientist*.

Ringrazio tutti gli studenti che hanno lavorato con le versioni precedenti di questo libro e tutti coloro (elencati in un'appendice) che hanno inviato correzioni e suggerimenti.

E ringrazio mia moglie Lisa per il suo lavoro su questo libro, la Green Tea Press e tutti gli altri.

Allen B. Downey
Needham MA
Allen Downey è professore associato di informatica presso il Franklin W. Olin College of Engineering.

A.5   Elenco dei collaboratori di "Think Python"

(Allen B. Downey)

Più di 100 acuti e riflessivi lettori hanno inviato suggerimenti e correzioni nel corso degli ultimi anni. Il loro contributo e l'entusiasmo per questo progetto sono stati di grande aiuto.

Per i dettagli sulla natura di ciascuno dei contributi di queste persone, fate riferimento al testo "Think Python".

Lloyd Hugh Allen, Yvon Boulianne, Fred Bremmer, Jonah Cohen, Michael Con-
lon, Benoit Girard, Courtney Gleason e Katherine Smith, Lee Harr, James Kaylin,
David Kershaw, Eddie Lam, Man-Yong Lee, David Mayo, Chris McAloon, Mat-
thew J. Moelter, Simon Dicon Montford, John Ouzts, Kevin Parks, David Pool,
Michael Schmitt, Robin Shaw, Paul Sleigh, Craig T. Snydal, Ian Thomas, Keith
Verheyden, Peter Winstanley, Chris Wrobel, Moshe Zadka, Christoph Zwersch-
ke, James Mayer, Hayden McAfee, Angel Arnal, Tauhidul Hoque e Lex Berezhny,
Dr. Michele Alzetta, Andy Mitchell, Kalin Harvey, Christopher P. Smith, David
Hutchins, Gregor Lingl, Julie Peters, Florin Oprina, D. J. Webre, Ken, Ivo We-
ver, Curtis Yanko, Ben Logan, Jason Armstrong, Louis Cordier, Brian Cain, Rob
Black, Jean-Philippe Rey alla Ecole Centrale Paris, Jason Mader della George Wa-
shington University made a number Jan Gundtofte-Bruun, Abel David e Alexis
Dinno, Charles Thayer, Roger Sperberg, Sam Bull, Andrew Cheung, C. Corey Ca-
pel, Alessandra, Wim Champagne, Douglas Wright, Jared Spindor, Lin Peiheng,
Ray Hagtvedt, Torsten Hübsch, Inga Petuhhov, Arne Babenhauserheide, Mark E.
Casida, Scott Tyler, Gordon Shephard, Andrew Turner, Adam Hobart, Daryl Ham-
mond e Sarah Zimmerman, George Sass, Brian Bingham, Leah Engelbert-Fenton,
Joe Funke, Chao-chao Chen, Jeff Paine, Lubos Pintes, Gregg Lind e Abigail Hei-
thoff, Max Hailperin, Chotipat Pornavalai, Stanislaw Antol, Eric Pashman, Miguel
Azevedo, Jianhua Liu, Nick King, Martin Zuther, Adam Zimmerman, Ratnakar
Tiwari, Anurag Goel, Kelli Kratzer, Mark Griffiths, Roydan Ongie, Patryk Wolo-
wiec, Mark Chonofsky, Russell Coleman, Wei Huang, Karen Barber, Nam Nguyen,
Stéphane Morin, Fernando Tardio e Paul Stoop.

Appendice B

Dettagli sul copyright

Avrei preferito pubblicare il libro con la meno restrittiva licenza CC-BY-SA. Sfortunatamente ci sono alcune organizzazioni senza scrupoli che cercano e trovano libri con licenza libera, quindi pubblicano e vendono copie praticamente identiche dei libri tramite un servizio di stampa on demand come LuLu o CreateSpace. CreateSpace ha (per fortuna) aggiunto una politica che dà priorità alle volontà delle preferenze dei reali detentori dei copyright, rispetto a quelle di un non possessore di tali diritti che tenti di pubblicare un'opera liberamente concessa in licenza. Sfortunatamente ci sono molti servizi di stampa su richiesta e pochissimi hanno una politica ben ponderata come CreateSpace.

Con rammarico, ho aggiunto l'elemento NC alla licenza di questo libro al fine di poter fare ricorso nel caso qualcuno cerchi di clonare questo libro e venderlo commercialmente. Sfortunatamente, l'aggiunta della sigla NC limita gli usi di questo materiale come mi piacerebbe permettere. Ho quindi aggiunto questa sezione del documento per descrivere situazioni specifiche in cui concedo il mio permesso in anticipo ad utilizzare il materiale in questo libro in situazioni che alcuni potrebbero considerare commerciali.

- Se si sta stampando un numero limitato di copie di tutto o parte di questo libro per l'uso in un corso (ad esempio, come materiale didattico), viene concessa la licenza CC-BY su tali materiali.

- Nel caso di insegnanti universitari che intendano tradurre questo libro in una lingua diversa dall'inglese per utilizzarlo nel proprio insegnamento, è possibile contattarmi per la concessione di una licenza CC-BY-SA per questi materiali in relazione alla pubblicazione della traduzione In particolare, sarà consentita la commercializzazione del risultante libro tradotto.

Se si intende tradurre il libro, è possibile contattarmi per ottenere l'accesso ai materiali correlati al corso per la relativa traduzione.

Naturalmente, siete invitati a contattarmi e chiedere il permesso nel caso queste clausole non risultino sufficienti. In tutti i casi, sarà concesso il permesso di riutilizzare e modificare questo materiale, purché dal risultato del nuovo lavoro derivi un chiaro valore aggiunto o beneficio per studenti o insegnanti.

Charles Severance
www.dr-chuck.com
Ann Arbor, MI, USA
9 settembre 2013

Indice analitico

www.ingramcontent.com/pod-product-compliance
Lightning Source LLC
LaVergne TN
LVHW081339050326
832903LV00024B/1222

9 781730 907166